W0289990

# Persephone

Anregungen zum Studium der anthroposophischen Medizin

Kathrin Studer-Senn

# Der unsichtbare Mensch in uns

## Studien und Übungen

Medizinische Sektion am Goetheanum

Dieses Buch verdankt seine druckreife Formulierung und Gestaltung der freudigen, tatkräftigen Hilfe von Susanne Riedener, Maya Läderach und Michaela Glöckler.

© 2005 Förderstiftung Anthroposophische Medizin
Herausgegeben von der Medizinischen Sektion am Goetheanum
Freie Hochschule für Geisteswissenschaft
CH-4143 Dornach
www.goetheanum-medizin.ch

Zu beziehen im Buchhandel sowie bei der Kooperative Dürnau

Druck und Vertrieb
Kooperative Dürnau
Im Winkel 11
D-88422 Dürnau
Tel: +49 7582 9300 0, Fax: +49 7582 9300 20
eMail: vertrieb@kooperative.de
www.kooperative.de

ISBN: 978-3-9523097-0-4

# Inhaltsverzeichnis

# I Vorbemerkung

Am 11.2.1923 hielt Rudolf Steiner in Dornach seinen Vortrag „Der unsichtbare Mensch in uns“ mit dem Untertitel „Das der Therapie zugrunde liegende Pathologische“. Ein Vortrag also für Mediziner, Ärzte und Therapeuten, würde man – dem Titel entsprechend – erwarten. Aber es war ein Vortrag vor Laien, der im Rahmen des Vortragszyklus unter dem Titel „Erdenwissen und Himmelerkenntnis“ (GA 221) veröffentlicht wurde. Wer sass wohl unter den Zuhörern, dass es für Rudolf Steiner möglich war, über dieses Geheimnis so ausführlich zu sprechen? Nie vorher und nie nachher sprach er direkt über dieses Thema. Aber wenn man davon weiss, erkennt man schon in früheren Jahren Spuren davon, die uns zeigen, dass Steiner diese Tatsachen sehr wohl bereits viel früher kannte.

Der genannte Vortrag (11.2.1923) ist bekanntlich ausserordentlich schwierig zu verstehen, vielleicht nicht auf den ersten Blick. Aber bald verunsichern uns scheinbare Widersprüche oder Kompliziertheiten. Meistens gibt man deshalb das Studium bald auf. Ist man aber bereit, sich darauf einzulassen, in Geduld den Text wörtlich zu nehmen, ihn in sich zu bewegen, so wird er zu einem Schlüssel, zu einem Passepartout für unzählige andere schwer verständliche Stellen im Vortragswerk Rudolf Steiners. Er kann uns auch die Grundlagen zum Verständnis der für den Schulungsweg gegebenen Übungen, auch der sogenannten Nebenübungen geben. Sind wir bereit, gewisse alte Vorstellungen fallen zu lassen, so finden wir im Umgang mit den Angaben, die in diesem Vortrag gemacht werden, ein Instrument, um nicht nur unsere Leiblichkeit in gesunder Art zu ergreifen, sondern darin auch unserer wahren Wesenheit zu begegnen oder jedenfalls uns von ihr getragen zu wissen.

So ist diese Arbeit zwar in erster Linie für Ärzte, Therapeuten und Heilpädagogen geschrieben. Auch die Pädagogen seien angesprochen. Doch kann die Kenntnis des unsichtbaren Menschen in uns für jeden, der das Menschsein verstehen und lernen möchte, von

Bedeutung sein. Sei es, dass wir Hilfen für den Alltag erhalten, oder dass wir die Angaben Rudolf Steiners zum Schulungsweg mit mehr Verständnis umsetzen können. Es wird ein gewisses Mass an anthroposophisch-menschenkundlichem Grundwissen vorausgesetzt. Auch empfiehlt es sich, den Vortrag „Der unsichtbare Mensch in uns“ (Rudolf Steiner, 11.2.1923, Einzelvortrag oder GA 221) zuerst zu lesen, um mit dem Thema vertraut zu werden.

Die Fragen, die das Thema vom unsichtbaren Menschen aufwirft, haben in so ausgedehntem Masse zugenommen, das wahre Interesse an ihm ist so gewachsen, dass hier versucht werden soll, aus dem bisher Erarbeiteten so zu berichten, dass der danach Suchende die Grundlagen für ein selbständiges Arbeiten an diesem Thema finden kann.

# II „Der unsichtbare Mensch in uns"
# Wer ist er – woher kommt er?

In dem Vortrag selbst spricht Rudolf Steiner nicht über die Herkunft des unsichtbaren Menschen. Er deutet nur an, dass er darüber in anderen Vorträgen gesprochen habe. Beispiele von Vortragszyklen, in denen er nicht nur über das nachtodliche, sondern eben auch über das vorgeburtliche Leben spricht, finden wir unter anderem in GA 226, 218, 231, 232 etc..

Um diese Existenz des unsichtbaren Menschen besser verstehen und realer erleben zu können, richten wir unseren Blick zuerst auf das nachtodliche Leben . Diese Vorgänge lassen sich für den Leser am besten verstehen, wenn er versucht, sie beim Lesen innerlich mitbewegend nachzuvollziehen. So werden wir mit unserem Fühlen ein Erkenntnisorgan ausbilden, eine Empfindungsgrundlage schaffen für die Wirksamkeit von zentrifugalen und zentripetalen Kräften. Und wir werden erleben, dass die zentrifugalen Kräfte, die von innen nach aussen, nach der Peripherie wirksamen Kräfte immer ins Geistige führen, und dass die zentripetalen Kräfte, die vom Umkreis zum Mittelpunkt strömenden Kräfte immer ins Irdische, in Richtung Materialität führen. Dieses Grundelement der zentrifugalen und zentripetalen Kräfte finden wir in diesem Sinne eben auch in dem Vortrag über den unsichtbaren Menschen in uns. Warum das Verständnis für diese Grundkräfte so wesentlich ist, soll in dem Kapitel über die „angewandte Menschenkunde" genauer beschrieben werden.

Gehen wir also mit Steiner den Weg der Beschreibungen des nachtodlichen Lebens, so finden wir da die Mitteilung, dass beim Tod der physische Leib von Ich, Astralleib und Aetherleib verlassen werde. Auch der Aetherleib verlässt den Leib, behält aber seinen Zusammenhang noch drei Tage. Wie eine Wolke können wir ihn in der Umgebung des Verstorbenen noch erahnen. Dann, so heisst es, löse sich der Aetherleib auf. „Löst sich auf“ heisst aber nicht, dass er in Nichts zerfällt. Wenn der Aetherleib sich auflöst, so bedeutet das, dass er sich weitet. Er wird grösser und grösser, weitet sich hinaus in den Weltenäther, wird im sich Hinausweiten vom Weltenäther aufgenommen. Beachten wir, wie hier erlebbar ist, wie eine Leiblichkeit – eine Aetherleiblichkeit – eine irdische Aetherleiblichkeit – sich weitet, auflöst, ganz in zentrifugalen Kräften aufgeht im Weltenäther und damit dem Menschen als Geistseele den Weg frei gibt in die geistige Welt. Damit befindet er sich nun in der Mondensphäre. Das ist die Sphäre, in der wir das Kamaloka erleben.

In der Mondensphärenzeit löst sich nun auch der Astralleib auf. Er weitet sich hinaus in die Weltenastralität, wird durch sie sozusagen gereinigt und umgearbeitet, auch mit neuen Kräften versehen. Im Vortrag vom 19. November 1922 GA 213 präzisiert Steiner die Zeit der Auflösung des Astralleibes und sagt, dass diese sich durch die ganzen Planetensphären hinziehe, bis Saturn.

Nun gibt es aber Einschlüsse in unserem Astralleib, die durch Sonderung, durch den Verlust der Ich-Wirksamkeit so fremdartig sind, dass sie nicht in die Weltenastralität mitgenommen werden können, nicht in sie aufgelöst werden können. Rudolf Steiner nennt solche Einschlüsse Karmapäckchen. Karmapäckchen, die in der Mondensphäre zurückgelassen werden. Wir werden später darauf zurückkommen und erfahren, was mit diesen Karmapäcken dann geschehen wird, wenn der Mensch sich wieder inkarniert.

Von der Mondensphäre aus tritt die Geistseele ein in die weiteren Planetensphären. Es gibt Vorträge, in denen Steiner nur von der Monden- und Sonnensphäre spricht. In anderen Vorträgen aber spricht er von den einzelnen Planetensphären, die nach der Mondensphäre durchschritten werden: Von Mond – Merkur über Venus – bis zur Sonnensphäre, und danach weiter durch die obersonnigen Planetensphären bis Saturn. Dieses Durchschreiten der Planetensphären dürfen wir uns nicht irgendwie räumlich, oder im Nacheinander vorstellen. „Durchschreiten der Planetensphären“ heisst eher „hineinerwachen“ in diese Sphären, aufnahmefähig werden für die entsprechenden Planetenwirksamkeiten. Und diese Wirksamkeiten sind sehr rege. Schon bei diesem Durchgang werden Eigenschaften oder Wirkungen unseres vergangenen Lebens nicht nur verarbeitet, sondern umgearbeitet und neue Anlagen für unser zukünftiges irdisches Leibesdasein geschaffen.

Während dieser ganzen Zeit des Weges vom Moment des Sterbens durch alle Planetensphären bis hin zum Saturn hat die Geistseele immer ihr vergangenes Leben vor sich. Das Lebensbild mit begangenen Fehlern und Unterlassungen, an denen nichts mehr geändert werden kann.

Die Kraftgestalt unseres Hauptes hat sich im Durchgang durch die Planetensphären allmählich aufgelöst. Am Konkretesten spricht Rudolf Steiner über diesen Prozess im Vortrag vom 24. November 1923 (GA 232, 2. Vortrag). Da wird beschrieben, wie das Ich beim Verlassen des Leibes eine Geistgestalt mitnimmt, die ähnlich der physischen Gestalt ist. Nach dem bisherigen Studium zu diesem Thema ist anzunehmen, dass es sich dabei um die physische Organisation des unsichtbaren Menschen handelt. Das Haupt löst sich während des Durchgangs durch die Planetensphären allmählich auf, und der übrige Mensch wird zur sogenannten Geistkugel. Dies geschieht in der Sonnensphäre. Da wird die Leibesgestalt umgearbeitet, so dass der Stoffwechsel-Gliedmassenmensch zum Hauptesmenschen wird. Die Geistseele lebt als Geistkugel in der Sonnensphäre, als Kugel, die die ganze Umgebung empfängt und spiegelt. Was früher Innenleben war, ist Aussenwelt geworden. Die Umgebung wirkt von aussen und wird gespiegelt, so dass das ganze Weltall sich an uns spiegelt.

Über Mars und Jupiter gelangt die Geistseele in die Sphäre des Saturn, wo sie die Planetenwelt verlässt und in die Fixsternsphäre, die rein geistige Welt eintritt. Jetzt geht sie ganz auf im Anblick der dort schaffenden und wirkenden geistigen Hierarchien. Auch das Ich löst sich auf, weitet sich hinein in den Kosmos der Hierarchien. Dabei verliert es sein Lebenstableau. Das Bewusstsein, Selbstbewusstsein wird nicht mehr vom Blick auf das Lebenstableau[3] erhalten, sondern geht auf, verliert sich im Anblick der Hierarchien. Hier, in der höchsten geistigen Sphäre, sind es die Geister der ersten Hierarchie, die tätig sind. Und was ist ihre Tätigkeit? Nun folgt die grösste Überraschung für unser Alltagsdenken: In der höchsten geistigen Sphäre wird gewoben und gearbeitet am sogenannten Welten-Menscheitsleib. Hier sind wir umgeben von den in der „Geheimwissenschaft im Umriss" beschriebenen Organlandschaften. Hier weben und wirken wir mit den Geistern der ersten Hierarchie, im Anblick dieser hohen Geister am allumfassenden Welten-Menschheitsleib, an unserer physischen Organisation, die ins unermesslich Riesige vergrössert ist. „Riesengeistkeim" nennt es Rudolf Steiner. In ihm und durch ihn weben und strömen die Riesengeistkeime der andern Menschen. So wie der Ätherleib aufgeht im Weltenäther, der Astralleib in der Weltastralität, so weitet sich die Geistgestalt des physischen Leibes.

Wie lange die Durchgänge durch die verschiedenen Planetensphären dauern, das wird davon abhängen, was wir aus unserem vergangenen Leben mitbringen – welche Verwandtschaften, welche Wahrnehmungsfähigkeit, welche Veranlagungen, welche Seeleneigenschaften wir mittragen. „Weltenmitternacht" nennt Steiner diese Zeit, die wir in der Fixsternsphäre verbringen. Das Vergangene ist beendet, der Blick auf unser vergangenes Erdenleben geht verloren, das Neue hat noch nicht begonnen. Die Geistseele geht auf im höchsten Sein, im ureigentlichen Jetzt, in der Zeitlosigkeit. Wie lange wir in der Sphäre der Weltenmitternacht verweilen, das wird vom Willen der Geister der ersten Hierarchie abhängen.

Dieser Zustand wird beendet, wenn die Hierarchien den Entschluss fassen, sich zurückzuziehen, sodass wir sie nicht mehr im unmittelbaren Anblick erleben, als Geist unter Geistern, sondern sie als ihre Offenbarung erleben. Jetzt ist die Geistseele auf sich selber zurückgeworfen – das Ich-Bewusstsein kehrt zurück. Dies ist ein allererster Schritt aus den weitenden, zentrifugal wirksamen Kräften heraus in die Konzentration, in die zentripetale Richtung, aus dem Umkreis zurück zu unserem Ich-Bewusstsein. Jetzt taucht auch wieder das Bild unseres vergangenen Lebens auf, mit all unseren

Fehlern und Unterlassungen. Nun aber nicht mehr in ihrer Unverrückbarkeit, sondern mit den Möglichkeiten der Korrektur und des Ausgleichs in einem zukünftigen Leben. Aus dem neuen Erleben dieses Lebenstableaus heraus wächst in der Geistseele der Impuls: „Ich will wieder Mensch werden." An einer anderen Stelle (GA 218, 14. Oktober 1922) spricht Steiner über diesen Moment, wenn der Impuls, zurück zur Erde zu wollen, auftritt. Er sagt, durch das Auftreten des Ich-Bewusstseins, dadurch, dass wir nicht mehr in den Geistwesen aufgehen, sondern sie nur als Offenbarung erleben, ihnen gegenüberstehen, durch dieses Ich-Bewusstsein trete ein Begehren nach – ein Begehren auf Erdendasein. Unter der Kraft dieses Ich-Bewusstseins, dieses Begehrens, löst sich unser Geistkeim, die Geistanlage unseres zukünftigen physischen Leibes, unsere geistige physische Organisation, heraus aus dem allgemeinen Gewebe der Riesengeistkeime, an denen die Geistwesen weben und schaffen. Dieses Begehren nach einem neuen Erdendasein lenkt auch unseren Blick bereits auf die Ahnenreihe, die zu unseren Eltern führt, bei denen wir uns inkarnieren werden.

Natürlich könnte man noch viel mehr von diesem nachtodlichen Leben berichten, und auch von dem nun folgenden vorgeburtlichen Weg zurück ins Erdendasein. Das ist nun nicht unsere Aufgabe in dieser Schrift. Es geht vielmehr darum, die Dynamik zum Erleben zu bringen, die in diesem Weg zwischen Tod und neuer Geburt liegt. Zuerst das Hinausweiten der Wesensglieder in den Kosmos, das zum rein geistigen Dasein unter Geistwesen führt. Und nun dieses Zusammenziehen des Geistkeimes, aus dem Geistkosmos heraus sich verdichtend und verkleinernd – der Anfang unseres Rückweges ins Erdendasein. So finden wir den vorgeburtlichen Menschen mit Ich-Organisation und physischer Organisation. Halten wir diese Tatsache fest. In den höchsten Regionen der geistigen Welt, in der geistigen Wirksamkeit des Tierkreises, wird an unserer physischen Organisation gearbeitet. Daraus entsteht die Geistanlage unserer irdischen physischen Organisation.

So tritt die Geistseele den Rückweg erdwärts an, durch die obersonnigen Planetensphären über den Sonnenbereich über Venus, Merkur bis zur Mondensphäre. In dieser Zeit verstärkt sich das Selbstgefühl, die Geistseele steht zunehmend in der Wirkung von zentripetal wirksamen Kräften. Unter ihrem Einfluss formieren sich die Ich-Organisation und die physische Organisation. Aus dem Dasein als Geist unter Geistwesen gliedern sie sich heraus, individualisieren sie sich heraus als die Wesensglieder des vorgeburtlichen Menschen. Im Durchgang durch die Planetensphären wirkt das Selbstgefühl auch zusammenziehend auf die Astralorganisation. So gliedert auch diese sich wieder heraus aus der Weltenastralität und individualisiert sich zum Wesensglied des vorgeburtlichen Menschen. Damit ist die Geistseele, der vorgeburtliche Mensch, wieder aufnahmefähig für die Mondensphäre. Sie nimmt auch wieder die Karmapäckchen in ihren Astralleib auf, die Einschlüsse, die sich im Astralleib und Aetherleib nicht auflösen konnten, die nicht den Geistwesen der Planetensphären übergeben werden konnten.

Unter der Wirkung dieser Verstärkung des Selbstgefühls geschieht es auch, dass das Ich seinen Geistkeim, die physische Organisation, verliert, weil sich diese bei der Konzeption mit der befruchteten Eizelle verbindet. Dieser ganz grosse Moment, der Übergang vom geistigen Dasein ins irdische Dasein, tritt ein, indem sich die physische Organisation, der Geistkeim, in die befruchtete Eizelle inkarniert. Aber dieser entscheidende Moment entgeht dem Bewusstsein der Geistseele. Durch diesen Verlust des Geistkeimes tritt eine ungeheure Entbehrung für das Ich ein. Dieses starke Gefühl der Entbehrung löst wieder eine zusammenziehende Wirkung aus: Der Aetherleib zieht sich zusammen, wird herausindividualisiert durch dieses Gefühl, herausgegliedert aus dem Weltenäther. So haben wir jetzt den viergliedrigen vorgeburtlichen Menschen mit Ich-Organisation, Astralorganisation und Ätherorganisation in der Mondensphäre und mit der physischen Organisation im irdischen Dasein, hineininkarniert in die befruchtete Eizelle.

Wir haben bereits zu Beginn erwähnt, dass die zentrifugal wirkenden Kräfte immer ins geistige Dasein führen, und die zentripetal wirkenden Kräfte ins irdische Dasein, zur Materie hinführen. Wir werden später noch genauer darauf eingehen, was das heisst und wie die geistig-seelischen Kräfte, wenn sie nicht leibgebunden sind, in den zentripetalen Kräften zusammenziehend wirken. Wir haben bisher auch erfahren, dass durch das Gefühl des Begehrens der kosmische Riesengeistkeim sich verkleinert hat zur individuellen physischen Organisation der Geistseele. So hat sich auch die Astralorganisation durch die Steigerung des Selbstgefühls aus der Weltenastralität zusammengezogen, und der Aetherleib aus dem Gefühl der Entbehrung aus dem Weltenäther. Verfolgen wir diese Tatsachen mit unseren inneren Bewegungen mit, uns weitend mit den zentrifugalen Kräften und uns zusammenziehend mit den von aussen nach innen wirksamen Kräften, den zentripetalen Kräften, so werden wir ein Instrument haben, das uns hilft, den Vortrag Rudolf Steiners über den unsichtbaren Menschen in uns konkreter zu erleben.

Gehen wir nun aber zurück zu den Vorgängen, die sich bei der Inkarnation des Menschen ereignen. Durch die Befruchtung verbindet sich der Geistkeim mit der chaotisierten Eizelle. Geistiges kann aber nie direkt in Physisches wirken. Wirkt es direkt, so wirkt es immer von aussen und das Physische fällt dabei als Physisches, als Materie aus. Damit Geistiges sich in Physisches inkarnieren kann, muss es als Geistiges leibähnlich sein und das Physische muss geistähnlich werden. Leibähnlich könnte man die physische Organisation des vorgeburtlichen Menschen bezeichnen, obwohl sie auch ein geistiges Kraftgebilde ist. Sie hat eine andere Qualität als seine Ich-Organisation, die Träger des Geistwesens, des Ichs ist. Die physische Organisation hat die Kräfte von früheren irdischen Leben in sich, wird Träger des physischen Leibes werden, ist also von den übersinnlichen Wesengliedern das dem physischen Leib verwandteste.

In welche Art von Materie nun kann sich das Geistige am ehesten inkarnieren? Welche Eigenschaften muss sie haben? In der befruchteten Eizelle findet der Geistkeim diese Substanz. Eine hochlebendige, völlig undifferenzierte menschliche Substanz. Die Zellkerne von Sperma und Eizelle haben sich verschmolzen und aufgelöst, wir haben ein energetisch hochgeladenes Produkt, in dem sich ausser der äusseren Form und Ganzheit alles ins Prozessuale aufgelöst hat. Da hinein, in dieses Prozessuale kann sich der Geistkeim inkarnieren. Und er bereitet diese Erbsubstanz so zu, dass sie später den übrigen Menschen in sich aufnehmen kann. Wie geschieht das?

Verfolgen wir die Bilder der Embryologie in der frühesten Zeit, so zeigt sich eine bestimmte Dynamik, die genau erkennen lässt, wann die übrigen Wesensglieder sich inkarnieren. Zuerst wird sich die Eizelle teilen → 2–4–8-16-32-Zellen-Stadium, ohne dass sich das Gebilde vergrössert. Mit der Zeit vergrössert es sich auch ein wenig. Aber immer bleibt die innere Geste diese, dass eine Kräftewirkung im Innern des Eies auseinander teilt, also in zentrifugaler Richtung, von innen nach aussen tätig ist. Zuerst teilt sie die Zellen voneinander, dann teilt sie eine etwas zelldichtere von einer mehr Wässriges enthaltenden Zone.

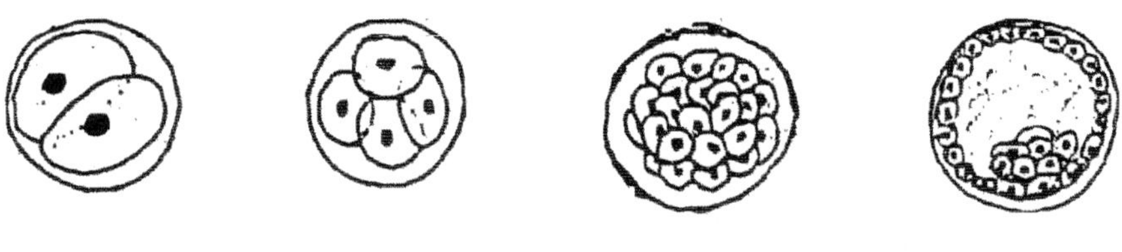

Und jetzt geschieht das Grossartige: Die zelldichte Zone können wir wieder so erleben, dass da die zusammenziehenden Kräfte, die zentripetal wirksamen Kräfte überwiegen. In dieser Schicht wird sich der Embryo herausbilden. Bei der lockeren, mehr Flüssigkeit enthaltenden Zellschicht können wir das Überwiegen der zentrifugalen, von innen nach aussen wirkenden Kräfte erleben lernen. Es ist diese Schicht, aus der sich die Eihüllen bilden werden: Amnion (Fruchtblase), Allantois (beim Menschen rudimentär) und Chorion (embryonaler Anteil der Plazenta). Diese Zellschicht ist es, die am 17. bis 21. Tag die oberen Wesensglieder aufnehmen wird. Steiner gibt sogar genau an, in welches Gewebe sich welches Wesensglied inkarniert: Die physische Organisation in den Dottersack, die ätherische Organisation in das Amnion, die Astralorganisation in die Allantois und die Ich-Organisation in das Chorion.

In medizinischen Vorträgen (z.B. Jungmedizinerkurs [GA 316]) lernen wir, dass die physische Organisation mit der Ernährung zu tun hat. Und wenn dem Dottersack beim Menschen auch nicht die gleiche hervorragende Rolle zukommt wie beim Tier, so hat er doch auch mit der Ernährung zu tun. Das Chorion trägt die Signatur der Ich-Organisation durch die starke Durchblutung und dadurch, dass es sich über die Plazenta zur Umwelt öffnet. Die Allantois, beim Menschen verkümmert, beim Tier besonders ausgebildet, wird Träger der Astralorganisation. Das Amnion, die Fruchtblase, gefüllt mit Wasser, aus dem heraus die plastischen Kräfte am Embryo gestalten, können wir als Träger der Ätherorganisation erleben. Rudolf Steiner gibt sehr genau an, wann sich die oberen Wesensglieder inkarnieren: 17. – 21. Tag. Schauen wir wieder ins Embryologiebuch, was in diesen Tagen geschieht, so finden wir folgende Dynamik: Die zuerst flache Keimscheibe wölbt sich, wie in der vorigen Zeichnung skizziert. Dann, 17. – 21. Tag, kommt es zu einer Art Ausstülpung.

Der Embryo richtet sich aus der Keimscheibe heraus auf, bekommt ein Vorne-Hinten und ein Rechts-Links. Wie die aus dem Boden heraus geschobene Pflanze in die kosmischen Kräfte eingespannt wird, von ihnen aus dem Umkreis weitergebildet wird, so wirken die Wesensglieder aus dem Umkreis, aus den Embryonalhüllen heraus auf den Embryo. Im Weben dieser Kräfte formt sich und wächst der Menschenkeim.

Schauen wir nun auf die Geburt, so fragt sich, was mit dem unsichtbaren Menschen geschieht, wenn die Eihüllen wegfallen. In diese hat er sich ja für neun Monate inkarniert. Und jetzt sterben sie mit dem Vergehen der Plazenta ab. Wo kann er sich nun inkarnieren? Das Neugeborene ist schon zu fest geformt und differenziert, dahinein kann sich der vorgeburtliche Mensch nicht inkarnieren.

Wie der vorgeburtliche, der unsichtbare Mensch in uns wirkt, darüber spricht Rudolf Steiner in dem sogenannten Kästchenvortrag mit dem Titel: „Der unsichtbare Mensch in uns – das der Therapie zugrunde liegende Pathologische“ (Kästchenvortrag nennt man ihn, da Steiner über die Wesensglieder spricht und diese dann als verschiedene Rechtecke an die Wandtafel zeichnet). Da wird beschrieben, was mit dem vorgeburtlichen Menschen geschieht, wie er in uns herein wirkt. Steiner nennt ihn den unsichtbaren Menschen in uns, gegenüber dem viergliedrigen sichtbaren Menschen, der mit einem vom Ich, Astralleib und Aetherleib durchdrungenen physisch sichtbaren Leib vor uns steht. Der vorgeburtliche Mensch inkarniert sich nicht in diesen sichtbaren Menschen, aber er wird das ganze Leben hindurch in ihn hereinwirken. Deshalb nennt ihn Steiner den unsichtbaren Mensch in uns.

Wir werden in einem späteren Kapitel über die Textarbeit zu diesem Vortrag genauer darauf zurückkommen. Vorerst wollen wir allgemein betrachten, wie der unsichtbare Mensch in uns wirkt.

## III „Der unsichtbare Mensch in uns“ Wie wirkt er im Erdenleben?

Wir wollen diese Betrachtung so halten, dass wiederum die Dynamik des Geschehens deutlich wird. Wenn es gelingt, innerlich mitzubewegen, wenn von zentrifugal und zentripetal wirksamen Strömungen die Rede ist, so werden wir nachher auch leichter zurechtkommen mit dem Vortragstext und die Wirksamkeit der Übungen im Kapitel „angewandte Menschenkunde“ besser verstehen.

Es wurde beschrieben, wie der vorgeburtliche Mensch mit den Eihüllen die leibliche Substanz verliert, in die er sich inkarnieren konnte. Er wird sich nicht mehr inkarnieren, aber hineinwirken in den sichtbaren Menschen. Und zwar da, wo der Leib in einem solchen Zustand ist, dass er ihn von innen durchströmen kann. Da, wo wir keine Formung, keine Differenzierung haben, wo wir nur Prozessuales haben – Wärmeprozesse, Aufbauprozess, Ernährungs-, Wachstums- und Fortpflanzungsprozesse. Da hinein wirkt der vorgeburtliche, der unsichtbare Mensch in uns. Von innen nach aussen wirkt er aufbauend hinein in diese Regionen, die unserem Bewusstsein entzogen sind, wo reiner Wille herrscht. Im Stoffwechselbereich wirkt der unsichtbare Mensch das ganze Leben hindurch, vom unteren Menschen herauf bis in die Peripherie, bis ins Haupt, bis in die Stoffwechselprozesse des Nerven-Sinnesbereiches. Mit seinen vier Wesensgliedern wirkt er in diesem Aufbaustrom aus der geistigen Welt herein, von innen nach aussen strömend im Blute, in den Stoffwechselkräften, in den Aufbauprozessen.

Diesem Aufbaustrom – Ich-Strom nennt ihn Rudolf Steiner, unterer Ich-Strom, da er vom Stoffwechsel aus den ganzen Menschen durchdringt – diesem Aufbaustrom kommt von oben, über das Nerven-Sinnessystem ein abbauender Ich-Strom entgegen. Abbauend im Sinne von Leben abtötend. Abbauend deshalb, weil nun nicht die ganze viergliedrige Wesenheit des unsichtbaren Menschen herein wirkt, sondern das Geistige, das Ich direkt aus dem Geistigen über die Sinne herein wirkt. Mit jeder Sinneswahrnehmung tritt das Ich direkt aus dem geistigen Dasein ins physisch-irdische Dasein. Entlang der Nerven strömt das Ich von oben nach unten, bis in den Stoffwechselbereich, da, wo noch Nervenwirksamkeit ist. Dieser Ich-Strom wird der obere Strom genannt. Dieser zweite Strom wirkt immer von aussen nach innen, zentripetal. Und er bleibt immer draussen, er taucht nicht ein in die Leiblichkeit, er wirkt von aussen auf sie ein.

So haben wir also einen unteren, aufbauenden Ich-Strom, indem das Geistige, das Ich, nicht direkt wirkt, sondern umhüllt ist von Astralorganisation, Ätherorganisation und physischer Organisation des vorgeburtlichen Menschen, des unsichtbaren Menschen in uns. Dieser untere, aufbauende Strom wirkt zentrifugal, also auflösend. Und wir haben einen oberen, abbauenden Ich-Strom, indem das Geistige direkt aus der Ich-Organisation des vorgeburtlichen Menschen über die Sinne entlang der Nervenbahn hereinwirkt. Dieser obere, abbauende Strom wirkt von aussen nach innen, also zentripetal, Substanz abtötend, aussalzend, Materie bildend. Wenn wir nun diese beiden Richtungen erleben, die zentrifugale und zentripetale, so können wir uns vorstellen, dass diese sich nicht direkt begegnen können. Wo wir solche Polaritäten haben, braucht es immer etwas Vermittelndes, wenn diese zusammenwirken sollen. Dieses Vermittelnde wird nun beschrieben als dritter und vierter Ich-Strom.

Der dritte Ich-Strom wird abgeschwächter Abbaustrom genannt. Abgeschwächt deshalb, weil das Ich nun nicht direkt ins Physische wirkt, sondern zuerst durch die Astralorganisation des unsichtbaren Menschen geht und von da aus, mit deren Umhüllung, über die Atmung hereintritt und von oben nach unten den ganzen Menschen durchströmt. Halten wir also fest: Der zweite und dritte Ich-Strom, zusammen oberer Ich-Strom genannt, der Abbaustrom, ist rein geistig-seelischer Natur. Er taucht nie ein in die Leiblichkeit, bleibt freies Geistig-Seelisches, das von aussen auf den Leib wirkt. Dadurch kann der Mensch Bewusstsein haben. Das Ich spiegelt sich am Gehirn, an den Nerven, dadurch entsteht Bewusstsein. Ich- und Astralorganisation des unsichtbaren Menschen treten ein und aus über die Lungen – dadurch entsteht Wachheit.

Damit wir aber nicht nur Bewusstheit um uns herum haben durch diese Spiegelung nach aussen, sondern auch Innenleben und Ich-Bewusstsein haben können, dazu braucht es die Begegnung des oberen Stromes mit dem unteren Strom. Das ist möglich durch den vierten Ich-Strom, der durch Ich-Organisation, Astralorganisation und Ätherorganisation des unsichtbaren Menschen geht und von da aus über die Blutzirkulation in den Menschen hereinwirkt, von unten nach oben. Diesen Strom nennt Steiner den „abgeschwächten Aufbaustrom". „Abgeschwächt" heisst dieser Aufbaustrom, weil das Ich nicht bis zur physischen Organisation des unsichtbaren Menschen geht, bevor es in den sichtbaren Menschen hereinwirkt. Dieser Ich-Strom strömt nur bis zur Ätherorganisation des unsichtbaren Menschen und wirkt von da aus über die Blutzirkulation in das Leibesleben. Zur grossen Überraschung ist der erste Ich-Strom, der bis zur physischen Organisation geht und von da aus im Stoffwechselbereich hereinwirkt, vitaler und aufbauender als dieser vierte, abgeschwächte Aufbaustrom. Die physische Organisation, die in den höchsten Regionen der geistigen Welt gewoben wird, trägt also die vitalsten Aufbaukräfte in sich.

So finden wir hier das Brückenprinzip. Abgeschwächter oberer Abbaustrom und abgeschwächter unterer Aufbaustrom begegnen sich über Atmung und Blutzirkulation im rhythmischen System des Menschen. Das ist der Kunstgriff der Schöpfung, die zwei polaren Kräfte – zentrifugale und zentripetale – zum Ineinanderwirken zu bringen: über den Rhythmus. Der Rhythmus macht es möglich, dass oberer Strom und unterer Strom verinnerlicht werden können, Innenraum bildend. Wirken die Kräfte von aussen, so haben wir spitze Formen und Kanten. Wirken sie aber im Innern zusammen mit den zentrifugalen Kräften, so wirken sie abrundend und abgrenzend. Die zentrifugal wirksamen Kräfte schaffen alleine keinen Innenraum, wirken auflösend. Die zentripetal wirksamen Kräfte schaffen alleine auch keinen Innenraum, da sie immer von aussen wirken, aussalzend wirken. Im Zusammenwirken der beiden Kräfte, wenn der obere Strom eintauchen kann und mit den zentrifugalen Kräften zusammenwirkt, indem er seine zentripetale Richtung aufgibt, dann entsteht Innenraum. Die Abrundung kommt durch die im Innern wirksamen zentripetalen Kräfte des oberen Stromes, durch die Haupteskräfte zustande.

Es lohnt sich, diese Verhältnisse gründlich darzustellen und zu bedenken, da wir durch sie ein wertvolles Instrument zum Üben bekommen. Mehr dazu im Kapitel angewandte Menschenkunde.

Zusammenfassung des bisher Ausgeführten

Wenn das Kind das Licht der Welt erblickt, so treten sofort verschiedene Sinnesreize gleichzeitig an das Neugeborene heran: Licht, „Kälte“ (im Bauch 37, jetzt max. 25), Berührung, Gerüche, Geräusche, Klänge, Sprache. So zieht der obere Ich-Strom über diese Sinnesreize von aussen herein – das Kind macht seinen ersten Atemzug und schreit – als Antwort von innen auf diese äusseren Reize.

Wir spüren auch den Puls – den Herzschlag und fühlen die Körperwärme als Ausdruck des unteren Stromes.

So wirkt das Ich vom unsichtbaren Menschen aus in uns herein als rein Geistig-Seelisches von aussen über die Sinne und dann entlang den Nervenbahnen, immer von aussen nach innen, also zentripetal, als oberer Ich-Strom, als sogenannter Abbaustrom, dem wir das Bewusstsein verdanken. Auf der anderen Seite wirkt das Ich als viergliedriger unterer Ich-Strom aufbauend in den Stoffwechselprozessen von innen nach aussen, zentrifugal. Es durchströmt im Blute den ganzen Menschen bis zum Nervensystem und bis in die Sinne.

Wir können verschiedene Qualitäten der beiden Ich-Ströme erkennen und wollen diese zusammenfassen und einander gegenüberstellen. Wenn wir uns mit diesen Qualitäten vertraut machen, finden wir darin Hilfen für die Präzisierung von Diagnosen. Wir werden auch lernen, wie wir durch bewusstes Umgehen mit diesen Qualitäten ebenfalls bewusster mit unseren Ich-Strömen umgehen und dadurch ein gesundes Zusammenwirken der beiden Ich-Ströme hervorrufen können. Davon dann Genaueres in dem Kapitel „Angewandte Menschenkunde".

Schauen wir zuerst auf den unteren Ich-Strom. Er wirkt immer von innen nach aussen – also immer in unserer Leiblichkeit drinnen. In den Aufbauprozessen wirkt er, in Wachstum, Ernährung, Fortpflanzung bzw. Reproduktion, in Wärmeprozessen – in den Willensprozessen in uns. Im Stoffwechsel tritt dieser untere Ich-Strom herein, im unteren Menschen, und wirkt von da aus von unten nach oben, bis ins Haupt. Von unten – von hinten wirkt er. „In mir hinten"- wenn wir uns so erspüren, so können wir uns an unseren unsichtbaren Menschen anlehnen. Aus diesem hinteren Raum schöpft auch der Künstler – der Eurythmist, der Sprachgestalter, der Musiker, der bildende Künstler – auch der Arzt, auch der Pädagoge.

Der obere Strom lebt mehr nach vorne. Vorne – das ist eine Qualität des oberen Ich-Stroms. Dieser wirkt, wie wir nun wissen, von aussen nach innen, bleibt also immer draussen, zentripetal wirksam, entlang den Nervenbahnen. Er bleibt immer ein Geistig-Seelisches, reflektiert sich an der Materie, an den Nerven. Diese strömen ja nicht, sondern bleiben in Ruhe. Dadurch kann Reflexion und Bewusstsein entstehen – auf Kosten der Bewegung, der Wärme, des Lebens. So gehören zum oberen Ich-Strom die Qualitäten Ruhe, Kälte, zentripetale Wirksamkeit, aussen, Geistig-Seelisches (statt Leiblichkeit). Oben, von oben nach unten und nach vorne – leben wir so, so leben wir draussen, erleben uns von aussen. Nur merken wir letzteres normalerweise nicht, da wir in den zentripetalen Kräften sind und so nur den egozentrischen Blickwinkel haben können. Wir erleben im Extremfall nicht die Welt draussen, sondern nur uns selbst als Zentrum der Welt und wir erleben uns nur im Kopf, im Wachbewusstsein. Als Resultat der zentripetalen Kräfte erleben wir uns nur als Punkt – vielleicht sogar als noch weniger.

Wir könnten noch weitere polare Qualitäten finden, die den beiden Ich-Strömen entsprechen. Zum Beispiel Härte – Weichheit, dem Grad der inneren Bewegung entsprechend. Eckig – rund, wie steht es damit? Wirkt der obere Strom alleine und von aussen, so entsteht das rein Physische, das auch in den zentripetalen Kräften der Erdanziehungskraft lebt – es entstehen Kanten und Ecken. Wirkt der untere Strom, so ist immer auch der Aetherleib dabei – der wirkt weitend, rundend, füllend. Weite und Enge, Fülle und Leere, sind die polaren Qualitäten unserer beiden Ich-Ströme.

Zum Schluss erinnern wir uns noch einmal daran, dass oberer Ichstrom bedeuten kann: Ich-Organisation (Abbaustrom) oder Abbaustrom zusammen mit abgeschwächtem Abbaustrom – Ich- und Astralorganisation. Unterer Strom kann heissen: Ich-Organisation umkleidet mit Astral-, Äther- und physischer Organisation, Aufbaustrom. Es kann aber auch heissen viergliedriger Ich-Strom zusammen mit abgeschwächtem Aufbaustrom, der dreigliedrig ist; der nur bis in die Ätherorganisation der unsichtbaren Menschen geht, und von da aus über die Blutzirkulation hereintritt (vierter Ich-Strom).

Damit haben wir das Material beisammen, um nun zu sehen, wie sich das Zusammenspiel dieser beiden Ströme im Laufe unseres Lebens entwickelt.

# IV Das Zusammenwirken der Ich-Ströme im Lebenslauf

Mit dem ersten Sinnesreiz und dem ersten Atemzug bei der Geburt beginnt das Hereinwirken von oberem und unterem Ich-Strom des Menschen. Nur ist dieses Hereinwirken des oberen Ich-Stromes noch sehr zart, noch nicht von der gleichen Bedeutung wie im zweiten Jahrsiebt.

Wenn wir einem Neugeborenen in die Augen schauen, so sehen wir, wie der Blick noch ganz ins Unendliche gerichtet ist. Wir können dabei erleben, wie die zentrifugalen Kräfte überwiegen, das Kind sozusagen überschwemmen. Es schaut ohne zu sehen, schaut ohne zu schauen. Das Ich lebt noch so im Umkreis, dass das Kind noch nicht fixieren kann. Der obere Strom wird in der ersten Zeit noch nicht in dem Masse zurückgespiegelt, wie es nachher möglich ist, wenn das Gehirn gereift ist, das heisst seine Vitalität verloren hat, und wenn die Knochen verkalkt sind. Im ersten Jahrsiebt, aber vor allem in den ersten Lebensjahren, überwiegen andere Kräfte. Rudolf Steiner nennt sie plastisch-architektonische Kräfte in dem Vortrag vom 16. September 1920 (GA 302a „Meditativ erarbeitete Menschenkunde"). Er spricht dort von geistig-seelischen Kräften, die von daher kommen, wo die Geistseele sich vor der Empfängnis befindet. Also direkt aus dem Geistigen, von innen treten diese plastisch-architektonischen Kräfte über das Gehirn herein in den Leib und durchströmen ihn bis in den Stoffwechsel und bis in die Peripherie.

Und diesen von innen nach aussen wirksamen Kräften kommt nun die Sinneswelt – das Ich über die Sinne entgegen. Ein Wechselspiel von zentrifugalen und zentripetalen Kräften, bei denen die zentrifugalen, himmlischen Kräfte zuerst überwiegen. Es ist diese Zeit, in der das Kind Gehen, Sprechen, Denken entwickelt. Mit der Entwicklung des Denkens ist der Leib so weit, dass das Ich, der obere Ich-Strom, dem unteren Ich-Strom so begegnen kann, dass ein Hereinspiegeln aus dem Umkreis ins Innere möglich wird. Das geschieht im dritten Lebensjahr, wenn das Kind beginnt „Ich" zu sagen. Dieser Moment entspricht der Begegnung von oberem und unterem Ich-Strom im Hauptesmenschen. Damit wird das Ich in die irdische Welt herein gespiegelt. Die kindliche Seele hat bisher im unmittelbaren Zusammenwirken der Hierarchien gelebt. Deshalb sagt Rudolf Steiner, vor dem dritten Lebensjahr sei es nicht möglich, dem Kind seinen Willen aufzudrängen, da es im Wollen der Hierarchien lebe. Jetzt aber wird das Ich herein gespiegelt in die irdische Welt und bekommt dadurch bereits eine gewisse Selbständigkeit. Dieser Prozess geschieht nicht von einem Tag auf den andern, sondern läuft aus bis zum Ende des ersten Jahrsiebts mit dem Zahnwechsel. Es gibt aber Menschen, so sagt Steiner, bei denen die plastisch-architektonischen Kräfte das ganze Leben fortwirken – das sind die Plastiker und Architekten.

Der obere Ich-Strom arbeitet sich von aussen herein und wirkt mehr und mehr durch den ganzen Menschen, das Irdische hereinspiegelnd und Abbaukräfte hereinführend. Das Kind wird immer irdischer und damit auch immer wacher und bewusster. Die Seele erlebt dabei die Welt ganz von aussen, ganz in der Egozentrik, empfindsam, vom Umkreis her aufnehmend, in den zentripetalen Haupteskräften. Und was tut das Kleinkind mit all diesen zentripetal wirkenden Einflüssen? Es verarbeitet sie durch Nachahmung – eine geniale Reaktion. Die Nachahmung bleibt nicht in den Haupteskräften hängen, sondern gelangt über das Nachempfinden, das Fühlen, durch das Tun in den Bereich des Wollens, in den Leib hinein. Die äusseren Eindrücke werden in die Tätigkeit des Ichs im Leibe herein geholt und so zu Fähigkeiten verarbeitet und umgewandelt.

Mit dem neunten/zehnten Lebensjahr geschieht eine weitere Verinnerlichung der Ich-Ströme. So wie sich oberer und unterer Ich-Strom im dritten Lebensjahr im Hauptesmenschen begegnen, so begegnen sie sich beim sogenannten Neunerschritt im rhythmischen Menschen. Haben wir im dritten Lebensjahr das Eintreten des Ich-

Bewusstseins, so haben wir jetzt das Eintreten des Ich-Gefühls, eine Verinnerlichung des Ich-Erlebens. Das Kind bekommt mehr Innenleben, fühlt sich abgetrennt von der Umwelt, im Erleben auf sich selbst zurückgeworfen. Die letzten Fäden zum Himmel werden zertrennt, die letzten Türen zum Himmel geschlossen, das Ich tritt ins eigene Innere ein. So verstehen wir, weshalb in diesem Alter die Kinder besonders an Einsamkeiten leiden, aber auch an Ängsten und Todesahnungen – Ängste, Vater oder Mutter oder Geschwister könnten sterben. Man kann sie zusammenfassen unter Verlustängsten.

Der obere Ich-Strom wirkt nicht mehr nur von aussen, über die Sinne von aussen, sondern taucht als oberer Ich-Strom im Bereich des rhythmischen Menschen ein in die Leiblichkeit und begegnet da in den rhythmischen Prozessen des Zirkulationsmenschen dem unteren Strom. Wird der obere Strom von den zentrifugalen Kräften in der rechten Art aufgenommen, gibt er seine zentripetalen Kräfte in die zentrifugalen Kräfte ab. Dadurch entsteht Innenraum. Und damit kann sich das Fühlen verinnerlichen. So ist der Boden bereitet, dass mit der Geschlechtsreife der Astralleib geboren werden kann, frei werden kann.

Nun verstehen wir auch, was im einundzwanzigsten Lebensjahr geschieht, wo von der Geburt des Ich gesprochen wird. Im dritten Jahr lernt das Kind „Ich“ zu sagen. Im zweiten Jahrsiebt sprechen wir, oder spricht Rudolf Steiner, von der Einkoppelung des Ich im neunten Lebensjahr. Im einundzwanzigsten Lebensjahr aber spricht er von der Geburt des Ich. Was geschieht da? Der obere Ich-Strom ist nun so weit verinnerlicht, dass er im Stoffwechselbereich dem unteren Ich-Strom begegnen kann. Das Ich kann die volle Verantwortung für sich übernehmen und von innen, von der eigenen Innenwelt aus in Freiheit nach aussen in die Welt wirken. Abgeschlossen ist dieser Prozess allerdings erst mit der Entwicklung der Bewusstseinsseele im 35.–42. Lebensjahr. Aber mit der Geburt des Ich im einundzwanzigsten Lebensjahr ist die leibliche Grundlage geschaffen, dass der Mensch durch die Ausbildung von Empfindungsseele,

Verstandesseele und Bewusstseinsseele sich zur Freiheit entwickeln kann.

Die Beschreibung der Ich-Ströme, das heisst der Wirksamkeit des unsichtbaren Menschen in uns, so wie sie Steiner in dem genannten Vortrag gibt, gilt im vollen Masse erst für den erwachsenen Menschen, oder zumindest erst ab dem dritten Lebensjahr. Das Hereinwirken des oberen Ich-Stromes aber beginnt bereits mit dem ersten Lebensmoment und damit auch das Hereinwirken des unteren Stromes. Denn das ist ein Grundprinzip, das sich in der Arbeit an diesem Thema zeigt: Es wirkt nie der eine Strom ohne den andern. Der obere Ich-Strom kann nur hereinwirken, wenn ihm der untere genügend entgegen kommt und umgekehrt. Mittelpunkt und Umkreis – das ist die Polarität, in der sich das Ich bewegt und inkarniert.

# V Pathologie

## Einseitigkeiten im Zusammenwirken von oberem und unterem Ich-Strom

Bisher wurde beschrieben, wie oberer und unterer Ich-Strom in ihrer eigenen Qualität wirken, wie sie zusammenwirken, wie sie sich im rhythmischen Menschen begegnen und im Zusammenwirken Innenraum schaffen. Jetzt spricht Rudolf Steiner in unserem Vortrag davon, wie die Ich-Ströme zu stark oder zu schwach wirken können.

Der obere Ich-Strom kann dadurch zu stark wirken, dass zu viel von der Aussenwelt auf uns hereinwirkt: Über die Ernährung, über die Sinnesreize, über emotionalen Druck von aussen – immer ist es ein zuviel an Aussenwelt, das nicht in die eigene Leiblichkeit verinnerlicht werden kann. Der untere Strom kann auch bei normaler Wirksamkeit nicht genug von dem, was von aussen kommt, auflösen und umwandeln. So kommt es zu sogenannten Fremdbildungen, Ablagerungen von Mineralischem oder auch von Seelischem. Solche Fremdbildungen sind Nierensteine, Gallensteine – Steinbildungen allgemein. Oder bei Fehlbelastungen der Gelenke die Bildung von sogenannten Knochenspangen – bei Kniearthrose, Hüftarthrose, Wirbelsäulearthrose. Auch Ödeme, Wasseransammlungen, sind solche Fremdbildungen, auch das Lungenemphysem – die Überblähung der Lunge, oder Blähungen im Bauch. Im seelischen Bereich sind es die Zwangsgedanken oder Zwangshandlungen – Zwänge allgemein, die durch das zu starke Wirken des oberen Stromes zustande kommen. Zu starkes Wirken des oberen Stromes heisst, er wirkt einseitig von aussen, zentripetal, kann so nicht vom unteren Strom aufgenommen werden, wirkt einseitig abbauend, mineralisierend, verfestigend. Das Wechselspiel zwischen Formung und Auflösung ist gestört.

Der obere Strom kann aber auch zu schwach sein, weil der untere Strom zu schwach ist und ihm zu wenig entgegenkommt. Darauf müssen wir nun unsere Aufmerksamkeit richten, um zu verstehen, dass der eine Strom nicht ohne den anderen Strom hereinwirken kann. Durch Anregen des oberen Stromes, über Sinnesreize, über die Ernährung und die Atmung, können wir einen zu schwachen unteren Strom anregen. Zum Beispiel mit Kompressen, Massage, Kneippanwendungen.

Im Vortrag vom unsichtbaren Menschen wird nun der „blasse lange Dünnling“ beschrieben, der zu schnell wächst, weil der obere und untere Strom zu schwach sind und dadurch der Aetherleib allein gelassen wird. Solche „blasse lange Dünnlinge“ sind meist chronisch müde und träge, da sie den Leib wie eine Last an sich hängen haben und ihn vom rhythmischen Menschen und Stoffwechselmenschen aus mit ihrem Geistig-Seelischen nicht von innen durchdringen können. An diesem Beispiel zeigt sich nun, dass wir nie direkt am unteren Strom ansetzen können. Als Therapie für den blassen Dünnling gibt Steiner nämlich nicht die Stärkung des unteren Stromes an, sondern die „Beschwerung“ des oberen Stromes. Dazu sollen wir Eisen geben, um dem oberen Strom Gewicht zu geben. Eisen wirkt als obersonniges Metall immer von oben. Genau genommen wirkt jedes Heilmittel, ja jede therapeutische Handlung von oben. Denn es ist immer eine Gabe von aussen, die mit Hilfe des oberen Stromes hereinkommt.

Jetzt können wir aber nicht bei allen Menschen einfach Eisen geben, um den oberen Strom zu stärken und besser nach unten zu bringen. Es gibt Menschen, bei denen zwar der obere Strom zu wenig nach unten kommt, aber andrerseits in seinen zentripetalen Kräften zu stark wirkt. Dann kann es geschehen, und es geschieht immer, dass wir diese Einseitigkeit des oberen Stromes durch Eisen verstärken – der Mensch wird heftig in seinen seelischen Äusserungen und in seinen Bewegungen, wird aufgeregt, ungeduldig und rabiat, da ihm zu eng wird. Das kann Aggressionen oder auch Ängste bei ihm auslösen. Da hat man mehr Chance mit einem Kupferpräparat, mit dem wir den unteren Menschen so zubereiten können, dass er das Eisen besser empfangen kann. Kupfer schafft Innenraum, macht warm und rund – alles Qualitäten, die dem unteren Strom entsprechen, die dem Wirken des oberen Stromes im unteren Strom entsprechen. So können wir mit dem Kupfer dem oberen Strom besser den Weg in den unteren Menschen zeigen, ihn damit in den unteren Strom hereinführen, der durch das Kupfer dem oberen Strom besser entgegenkommen kann.

Schauen wir nun die von Rudolf Steiner in gewissen Vorträgen beschriebenen Grund-Konstitutionstypen an. Im ersten Ärztekurs von 1920 spricht er von der Hysterie und der Neurasthenie. Er spricht dort in mehreren Vorträgen einfach vom oberen Menschen und vom unteren Menschen, oder einfach von oben und unten.

Hysterie nennt er die Konstitution bei Überwiegen der Stoffwechselprozesse, Neurasthenie bei überwiegen der Nerven-Sinnesprozesse. Bei der Hysterie überwiegen die zentrifugalen Prozesse, bei der Neurasthenie die zentripetalen Prozesse.

Was passiert, wenn die zentripetalen Kräfte überwiegen? Der Neurastheniker kann sich nur von aussen betrachten und erleben. Er wird seinem Leib entfremdet, er erlebt ihn als ein Äusseres, das er nicht spürt und nicht erfährt, also nicht kennt. Das löst Ängste und Unsicherheit aus. Er wird Hypochonder, das Vorstellungsleben überwiegt und stimmt nicht mehr mit den Tatsachen des realen Leibeslebens überein.

Und wie führt das Überwiegen der Stoffwechselkräfte, der zentrifugalen Kräfte zum Hysteriker? Das verstehen wir am besten, wenn wir den Heilpädagogischen Kurs dazu nehmen (GA 317). Im 4. Vortrag wird diese Situation genau beschrieben: Das Geistig-Seelische kommt zwar herein in den Leib, findet aber darin keine Stütze, da die Organwände zu durchlässig sind. Wie bei einem Sieb fallen sozusagen die zentripetalen Kräfte des oberen Stromes durch die Organwände, werden von den überwiegenden Stoffwechselkräften in ihrer zentrifugalen Richtung mitgenommen, ohne dass sie ihre Eigenkraft behalten können. Die Organe sind zu durchlässig, weil die abrundenden, abgrenzenden Haupteskräfte zu schwach sind.

Im heilpädagogischen Kurs wird als Polarität zur Hysterie nicht die Neurasthenie, sondern die Epilepsie beschrieben. Beim Epileptiker kommt zwar der obere Strom herein, wird aber von den Organwänden nicht durchgelassen. Mit anderen Worten: Der obere Strom kommt herein in den Leib, bleibt aber geistig-seelischer Strom von aussen, kann nicht eintauchen in die Leiblichkeit, kann nicht aufgenommen werden vom unteren Strom. Von daher gesehen ist also ein Krampfanfall einerseits eine Folge der inneren Stauung. Er ist andrerseits aber auch ein genialer Befreiungsversuch des Leibes von dieser Stauung. Denn Krampfanfall heisst nicht einfach Spastik im Allgemeinen, sondern tonisch-klonische Krämpfe. Der Leib wird geschüttelt, bewegt und es tritt Bewusstlosigkeit ein. Bewusstlosigkeit heisst, der obere Strom wird sozusagen herausgeworfen. Bei einer anderen Form der Epilepsie, beim Petit Mal, ist es anders. Da kommt es zu Absenzen, das heisst, zu einem direkten Loslassen des oberen Stromes.

Schauen wir weiter im Heilpädagogischen Kurs, so finden wir die Beschreibung von maniakalischen und von schwachsinnigen Kindern. Daran, wie diese beiden Typen beschrieben sind, können wir auch das Verhältnis der Ich-Ströme ablesen.

Der Maniakalische zappelt und ist motorisch unruhig, da jede seelische Regung direkt im Leib wirkt. Der obere Strom wirkt einseitig, aber kräftig von aussen, so dass das Geistig-Seelische sozusagen von aussen im Leib steckt, nicht in den Leib als Innenraum aufgenommen werden kann. So wird jede seelische Bewegung, jede astralische Bewegung auch körperliche Bewegung, aber eine nicht vom Ich geführte Bewegung. Am Besten verstehen wir, was das heisst, der obere Strom stecke im Leibe, wenn wir das Bild der Vase nehmen. Etwas steckt in der Vase – in der Vasen**wand**. Das entspricht dem oberen Strom, der „zu tief im Leibe steckt". Aber dadurch ist er zu wenig im Leibe – in der Vase, als Vasen**inhalt** ist er zu wenig drin. Das Zappeln des Maniakalischen kommt aber nicht vom oberen Strom. Der Bewegungsdrang, das in die Bewegung schiessen, entsteht durch den unteren Strom. Aber der Maniakalische zappelt auch, wenn er ruhig, seelisch nicht aktiv ist. Das geht meist parallel mit schnellem Puls. Dies ist Ausdruck von überwiegenden Stoffwechselkräften – einseitig zentrifugal wirksamen Kräften. Deshalb die nicht geführte Bewegung. Wir können uns bildlich vorstellen, wie die unteren, zentrifugalen Kräfte allein gelassen sind, wenn der obere, zentripetal wirksame Strom zu schnell ins Physische (Vasen**wand**!) schiesst, also im Nerven-Sinnespol stecken bleibt, bevor er dem unteren Strom begegnen kann.

Und wie ist es beim Schwachsinnigen? Wenn beim Maniakalischen der obere Strom zu fest im Nervenbereich „steckt", zu stark in den physischen Leib wirkt, so ist er beim Schwachsinnigen zu schwach. Er wirkt zu wenig, auch nicht von aussen.

Nun soll noch ein weiteres heilpädagogisches Krankheitsbild, der Autismus, betrachtet werden. Der Autist verblüfft ja immer wieder durch seine Präsenz – obwohl man sich immer wieder fragt, wo er eigentlich ist. Er kann nicht Ich sagen, kann meistens auch nicht reden. Typisch für den Autisten sind die Zwänge, Fixationen und Tics. Dazu gehören auch die Selbstverletzungen, sich selber Beissen oder Klemmen, den Kopf anschlagen und so weiter. Auch Wutausbrüche gehören zur Tagesordnung. Meistens beginnen die Manifestationen dieser Krankheit im zweiten/dritten Lebensjahr. Das ist dann, wenn das Ich beginnt, sich hereinzuspiegeln, wenn der obere Ich-Strom im Haupte dem unteren Ich-Strom begegnet. Das ist auch die Zeit, wo der Sprachorganismus entwickelt wird. Meistens beginnt auch beim Autisten die Sprachentwicklung normal – und geht dann wieder zurück ab der Zeit, in welcher das Ich im dritten Lebensjahr geboren werden sollte (siehe Kapitel zum Lebenslauf).

Beobachten wir den Autisten mit unserer Methode, so können wir erleben, wie stark bei ihm die zentripetalen Kräfte überwiegen und im Haupte dem unteren Strom zu wenig begegnen. Der obere Strom kann zu wenig hereinspiegeln und es entsteht zu wenig Innenraum. Dadurch kann der Autist nicht oder zu wenig ins Fühlen kommen. Umso mehr lebt er in der Selbstempfindung von aussen. Er spürt sich nicht im Leib, das Selbstgefühl, das an den Leib gebunden ist, fehlt, umso stärker ist das seelische Empfinden. Deshalb finden wir immer diese Dramatik beim Autisten, deshalb auch diese Wutausbrüche. Niemand merkt, wie stark er unter den äusseren Einflüssen leidet und was er alles erlebt. Um das Selbstgefühl zu haben, wird gebissen, geschlagen, geklemmt – so hat er wenigstens einen Moment das Seinserlebnis im Tastsinn, was aber nie als bleibendes Erleben hält, immer wieder neu hergestellt werden muss. So findet der Autist keinen Halt in seinem Leibe, keinen Innenraum, in dem er sein Seelisches bewahren kann. Was ihm Halt aber gibt, das sind die Wiederholungen und die äussere Struktur seines Alltags. Deshalb die Panik, wenn Gewohntes plötzlich geändert wird.

Wie die meisten heilpädagogisch Betreuten wird man den Autisten am ehesten über den Tastsinn erreichen können. Wenn man ihn beim Ansprechen gleichzeitig berührt, und dabei nicht frontal, sondern neben ihm steht, wird man ihn erreichen. Bei der Berührung ist meistens eine grossflächige besser als eine punktuelle, da er Letztere meist gar nicht wahrnimmt, oder dann durch sie zu sehr gereizt wird.

Die Zwänge sind Ausdruck des zu starken oberen Stromes. Wie bei den Fremdbildungen kann Seelisches nicht genügend aufgelöst, nicht verinnerlicht werden. Die Vorstellungen treten durch das im Bereich des Gehirns ständige von aussen Spiegeln immer wieder neu auf, so dass der Autist wie in einem Käfig seiner Gedanken und Empfindungen lebt. Denn auch die Empfindungen kommen ja von aussen, werden erst durch die Verinnerlichung, durch die Aufnahme in den unteren Strom zum Gefühl. Dieses einseitige nach aussen Spiegeln erklärt seine Präsenz und Wachheit in Bezug auf sein Erleben der Umwelt bei gleichzeitiger äusserer Gleichgültigkeit und Abwesenheit.

Betrachten wir noch das Phänomen des Schmerzes am Beispiel der Menstruationsschmerzen. Wir lernen bei Steiner, dass Schmerz dadurch zustande kommt, dass der Astralleib zu stark im Physischen wirkt. Die Menstruationsschmerzen erklärt er aber an anderer Stelle damit, dass da eine Astralleib-Schwäche im Unterleib bestehe. Immer wieder wird über widersprüchliche Aussagen von Steiner geklagt. Mit der Kenntnis der Ich-Ströme können wir viele dieser sogenannten Widersprüche auflösen. Wirkt der Astralleib zu stark von oben, also von aussen, so entsteht Schmerz. Kommt ihm der untere Strom zu wenig entgegen, oder besteht ein Hindernis in den Unterleibsorganen, so kann der obere Strom nicht genügend eintauchen, kann sich im unteren Menschen, im Unterleib zu wenig inkarnieren – es besteht eine Astralleibschwäche im Unterleib. Dadurch wirkt der Astralleib über den oberen Strom zu stark von aussen.

Ein anderes Krankheitsbild, das mit Hilfe dieses Vortrages besser verständlich wird, ist der Diabetes. Der Diabetiker kann den Zucker und allgemein die Kohlenhydrate nicht mehr in körpereigene Substanz umwandeln und scheidet sie über den Urin aus. Zum Krankheitsbild gehört auch die Arteriosklerose und Schädigung der peripheren Nerven. Die Schädigung kommt durch die gestörte Blutversorgung zustande, durch Anhäufung von Zucker (Fruktose, Sorbit) und Veränderung der Struktureiweisse. Es soll hier nicht in Details auf das Krankheitsgeschehen eingegangen werden. Zum Verständnis des Diabetes genügt es, nur die Physiognomie des Krankheitsbildes anzuschauen, um zu einer Wesensgliederdiagnose zu kommen. Durch Steiners Angaben können wir dies besser verstehen. Bei den Angaben zum Diabetes begegnen wir weiteren sogenannten Widersprüchen. Im ersten Medizinerkurs (GA 312, 15. Vortrag) sagt Rudolf Steiner, dass es sich beim Diabetes um ein „schwaches Ich" handle, um eine „schwache Ich-Organisation, die nicht geeignet ist, den ganzen Prozess zu bewältigen, der sich vollziehen soll in der Zuckerbildung." Und weiter: „Das Ich ist eigentlich schwach…"; „Aber dieses Ich ist nicht imstande, tiefer in den

Organismus zu gehen...". Andrerseits spricht er in GA 314 (09.10.1920) beim Diabetes von einer „übertriebenen Ich-Tätigkeit im Organischen selber", von einem zu tiefen Sichhineinsenken des Ich in das Organische. Wie sollen wir das verstehen? Wir müssen ganz genau lesen, was Steiner sagt. Die Stelle in GA 312 vom zu schwachen Ich spricht davon, dass das Ich die Durchorganisierung des Organismus mit Zucker nicht besorgen könne, dass es nicht geeignet sei, den ganzen Prozess zu bewältigen, der sich in der Zuckerbildung vollziehen soll. Das Ich, weil es schwach ist, beschränkt sich darauf, mehr in der Peripherie des Organismus tätig zu sein, durch das Gehirn einen starken Intellektualismus zu entwickeln.

Andrerseits wird im Vortrag vom 09.10.1920 von der übertriebenen Ich-Tätigkeit im Organischen gesprochen, vom bewussten Geistig-Seelischen, vom Ich-durchzogenen Geistig-Seelischen, das zu stark wirke und so zu abnormen Ausscheidungsprozessen führe. Das ist die genaue Beschreibung dessen, was der obere Strom macht, wenn er einseitig wirkt. Wirkt der obere Ich-Strom zu stark, so haben wir die Ablagerungen. Er ist der Ausscheider. In diesem Fall heisst Ablagerung Anhäufung von Fruchtzucker und Sorbit in den Nervenscheiden, was zur Aufschwemmung der Nervenscheiden führt. Man könnte auch beim Blutzuckeranstieg von Ablagerung von Zucker im Blut sprechen. Ausscheidung heisst in diesem Fall Glucosurie, Ausscheidung von Zucker im Urin. Das ist die übertriebene Ich-Tätigkeit im Organischen (GA 314). Der obere Strom wirkt als solcher bis in den Zuckerstoffwechsel zu stark, taucht zu wenig ein, wirkt im Innern zu wenig, wirkt nicht mit dem unteren Strom zusammen. Das ist die Ich-Schwäche, das schwache Ich, das die Prozesse nicht bewältigen kann, die mit dem Zucker geschehen sollten. Der Zucker kann nicht umgewandelt werden in Wärme, in Ich-durchdrungene Substanz, weil der obere Ich-Strom im Innern zu wenig tätig ist, zu stark von aussen, zentripetal wirkt. Mit diesem Schlüssel werden auch die Spätfolgen des Diabetes verständlich: Bei den Sensibilitätsstörungen kommt das Ich zu wenig von innen bis in die Peripherie. Die Arteriosklerose stellt das Bild der zu starken Abbauprozesse dar, mit Ablagerungen, Vitalitätsverlust, Verhärtung.

Man wird nicht bei allen Krankheiten wie beim Diabetes das Symptomenbild oder die Angaben Rudolf Steiners 1:1 mit den beiden Ich-Strömen erklären können. Aber dieses Beispiel soll dazu anregen, es zumindest zu versuchen, oder jedenfalls sich die entsprechenden Fragen zu stellen.

# VI Textarbeit

Erläuterungen zum Text des Vortrages vom 11.2.1923 „Der unsichtbare Mensch in uns" Das der Therapie zugrunde liegende Pathologische (GA 221)

Man darf annehmen, dass jeder Leser den sogenannten „Kästchenvortrag" vom 11.02.1923 schon einmal gelesen hat – oder versucht hat, ihn zu lesen. Er gehört ja mit zu den am schwersten verständlichen und stellenweise auch widersprüchlichen Vorträgen. Viele legen ihn deshalb sehr bald zur Seite. Es soll nun versucht werden, aus der langjährigen Seminararbeit an diesem Text einiges zu vermitteln, was als Hilfe zur selbständigen Textarbeit dienen könnte. Dazu sei gesagt, dass es auch nach 25 Jahren Textarbeit noch nicht gelungen ist, alle schwierigen Stellen aufzulösen. So entspricht die folgende Arbeit dem heutigen Stand des Verständnisses der Schreibenden.

Vieles wurde in den ersten Kapiteln vorweggenommen, als Zusammenfassung oder auch als erweiterte Ausführungen. Der Leser wird einiges als Wiederholung dessen finden, was bisher mitgeteilt wurde. Es soll hier nun aber genauer dem Text entlang gegangen werden, um die einzelnen heiklen Stellen zu erläutern.

In *Abschnitt 1* spricht Rudolf Steiner von zwei Wesenheiten, die wir beim Menschen zu unterscheiden haben: Den sichtbaren Menschen, wie er vor uns steht und, in diesen hineinwirkend, die „vorirdische Organisation", auch „geistige Organisation" genannt. Später nennt er diese geistige Organisation den „unsichtbaren Menschen" *(Abschnitt 2)* und den „überphysischen Menschen" *(Abschnitt 5)*. Im *1. Abschnitt* nennt er sie sogar „physische Organisation", die im vorirdischen Leben geistig vorbereitet wird. Das ist ein Meilenstein, den wir beachten wollen: Wenn von „physischer Organisation" gesprochen wird, haben wir immer gleichzeitig alle vier Organisationen zu denken. Die „physische Organisation“ ist immer durchdrungen von Ich-Organisation, Astralorganisation und Aetherorganisation. Sie ist immer als viergliedrige Organisation aufzufassen. In der Embryonalzeit ist diese geistige, vorgeburtliche Organisation inkarniert in den Embryonalhüllen. Achten wir auf diesen Satz: „... wie sie dann gewissermassen als geistige Organisation heruntergeschickt wird“, in den Embryonalhüllen im Irdischen ihren physischen Ausdruck findet, „bevor der Mensch selbst mit seinem Ich in das irdische Dasein hineinkommt“. Jetzt erkennen wir, dass diese viergliedrige geistige Organisation **nicht** das ist, was wir unsere „wahre Wesenheit“ nennen. „Der Mensch selbst mit seinem Ich“ – das ist noch einmal etwas anderes. Der Mensch selbst wirkt, wie wir sehen werden, über die Ich-Ströme vom vorgeburtlichen Menschen aus, von der „geistigen Organisation“ aus, in unseren irdischen Menschen herein. Wenn wir jetzt lesen: „...wie die physische Organisation des Menschen geistig vorbereitet wird...“ wissen wir, dass damit die vier Wesensglieder des unsichtbaren Menschen gemeint sind.

Am Ende des *1. Abschnittes* spricht Steiner von der „Leibes-Seelen-Geistwirksamkeit des Menschen“, die etwas anderes sei, von anderer Beschaffenheit, als diese vorirdische Organisation. Spätestens jetzt merken wir, dass mit dem unsichtbaren Menschen nicht einfach die unsichtbaren Wesensglieder (Aetherleib, Astralleib, Ich-Organisation des sichtbaren Menschen) gemeint sind. Der sichtbare Mensch, wie er vor uns steht als „Leibes-Seelen-Geistwirksamkeit des Menschen“, hat physischen Leib, Aetherleib, Astralleib und Ich. Die Ich-Wesenheit kann in ihm leben, da „sein ganzes Leben lang“ die vorirdische, geistige Organisation, der unsichtbare Mensch in ihn hereinwirkt. Der sichtbare Mensch bietet die Brücke ins Irdische für den unsichtbaren Menschen, durch den unser eigentliches Wesen sein Karma auf der Erde erfüllen will.

Im *2. Abschnitt* erfahren wir genauer, wo der unsichtbare Mensch im sichtbaren Menschen wirkt: in den Kräften, die Wachstum, Ernährung, Reproduktion, Bewegung bewirken, das heisst, im Stoffwechsel-Gliedmassenmenschen *(Abschnitt 4)*. Die physische Organisation, so wie wir sie als viergliedrige Organisation kennen gelernt haben, ist beim Embryo in den Embryonalhüllen vorhanden, beim geborenen Menschen in den „Ernährungs- und Wiederherstellungsvorgängen". Genauer gesprochen: Die physische Organisation des unsichtbaren Menschen ist im Stoffwechselgliedmassenmenschen mit der physischen Organisation des sichtbaren Menschen vereinigt. Die eine „steckt in der andern drinnen" *(3. Abschnitt)*. Schauen wir die Zeichnung mit den „Kästchen" genau an, so ist es die physische Organisation des sichtbaren Menschen, die in der physischen Organisation des unsichtbaren Menschen „drinnen steckt".

Wenn wir von der Viergliedrigkeit der physischen Organisation des unsichtbaren Menschen im Stoffwechselmenschen sprechen, so müssen wir uns gleichzeitig eine Strömung von Ich- zu Astral- zu Aetherorganisation und physischer Organisation denken, die in der physischen Organisation des sichtbaren Menschen, in deren Aufbauprozessen wirkt. Diese Strömung wirkt von unten nach oben *(6. Abschnitt)*.

Dann wird ein zweiter Ich-Strom beschrieben, der nicht zuerst durch den ganzen unsichtbaren Menschen geht, sondern „direkt vom Ich aus" (von der Ich-Organisation des unsichtbaren Menschen aus) über die Nerven-Sinnesorganisation in den ganzen Menschen hinein geht und so von oben nach unten wirkt *(6. Abschnitt)*.

Achten wir im *7. und 8. Abschnitt* auf die präzise Formulierung: „Längs der Nervenbahn" strömt die Ich-Organisation. Also nicht „in", sondern „längs" der Nervenbahn, „entlang" der Nervenbahn. Das Geistige wirkt direkt herein in den sichtbaren Menschen. Wo aber der Geist direkt in die Materie wirkt, liegt Zerstörungsprozess vor, „ein feiner Todesprozess". Das heisst aber nicht, dass Materie zerstört wird im Sinne von Auflösung, sondern im Sinne von Absterben, Zerstörung von Vitalität. Das aber heisst Aussalzen, sichtbare Materie bildend.

Beim unteren Strom wirkt das Ich nicht direkt ins Physische. Die Kräfte des Ich werden zuerst durchseelt in der Astralorganisation, durchätherisiert in der Ätherorganisation und gehen durch die physische Organisation des unsichtbaren Menschen durch. Dieser Ich-Strom strömt nicht „entlang“, sondern „in dem Blute strömt das Ich“, von unten nach oben, und wie wir in *Abschnitt 13* erfahren haben, von innen nach aussen. Der obere, abbauende Strom ist also immer ein rein geistig-seelischer Strom, der untere, aufbauende Strom ist immer ein „leiblicher“ Strom, im Leibe, in der Leiblichkeit wirksam.

In *Abschnitt 10* lesen wir mit Überraschung, dass es etwas noch Vitaleres als den Aetherleib gibt. Nachdem Rudolf Steiner vorher *(Abschnitt 9)* von einem abgeschwächten Abbauprozess gesprochen hat, da das Ich, das Geistige, nicht direkt ins Physische wirkt, sondern zuerst durch die Astralorganisation geht, so spricht er nun von einem abgeschwächten Wiederherstellungsprozess. Dieser vierte Strom wirkt auch von unten, wie der erste. Aber er wirkt nicht so stark aufbauend, wie der erste Strom, da er nicht bis zur physischen Organisation des unsichtbaren Menschen strömt, sondern nur bis zur Ätherorganisation und von da aus im Zirkulationsmenschen wirkt. So ist also die physische Organisation des vorgeburtlichen Menschen, die in der Fixsternsphäre zubereitet wird, das Vitalste in uns, das wir uns denken können.

Nun folgen die Kardinalsätze in *Abschnitt 13*, die uns die Basis geben werden für ein konkretes Üben, die Basis geben werden für die praktische Anwendung dessen, was wir über den unsichtbaren Menschen erfahren, für Diagnose und Therapie: „Der Blutprozess geht eigentlich immer nach der Peripherie, zentrifugal im Menschen. Der Nervenprozess, der eigentlich ein Abbauprozess ist, geht immer zentripetal, geht gegen das Innere des Menschen zu.“ Im Kapitel „angewandte Menschenkunde“ werden wir genauer darauf eingehen.

Über den ersten Satz des *15. Abschnittes* könnte man eine ganze Abhandlung schreiben. „Durch das direkte Eingreifen des Geistigen auf dem Umwege des Ich“ … Ein Meditationssatz. Hier können wir eine Ahnung davon bekommen, wo der Ursprung der Ich-Ströme zu suchen ist. Das Geheimnis des Ich liegt in diesem Satz. Schauen wir wieder auf die Skizzen, am besten auf die Tafelzeichnung, wo alle vier Ströme abgebildet sind. „... auf dem Umwege des Ich" könnte vielleicht auch heissen „... auf dem Umwege der Ich-Organisation". Von irgendwoher treten ja die Ich-Ströme auf in der Ich-Organisation des unsichtbaren Menschen. Nehmen wir das wörtlich – es wird uns bei der weiteren Arbeit begleiten: „Durch das direkte Eingreifen des Geistigen auf dem Umwege des Ich ..."

Nun folgen Beispiele, wie Krankheiten entstehen können, wenn oberer und unterer Strom nicht richtig ineinander wirken.

Wirkt der obere Strom von aussen, wirkt das Geistige, oder mit dem abgeschwächten oberen Strom zusammen das Geistig-Seelische, direkt ins Physische, bringt er immer Aussenwelt mit. „Fremdbildungen" nennt es Rudolf Steiner. Diesem oberen Strom kommt der untere Strom mit seinen Auflösungskräften entgegen. Auflösungskräfte, die, gerade weil sie auflösend wirken, eine Verinnerlichung, eine Umwandlung in Körpereigenes ermöglichen.

In dem Beispiel von *Abschnitt 15-18* überwiegt der obere Strom. Es kommt ihm nicht genügend von unten entgegen, so dass es zu Ablagerungen kommt. Steiner spricht nicht von Ablagerungen, sondern von Fremdbildungen. Fremdbildungen sind sie deshalb, weil sie ihre Aussenweltnatur beibehalten, nicht von den eigenen Wesensgliedern durchdrungen werden können und so nicht in die eigene Organisation aufgenommen werden können. „Fremdbildungen, die vielleicht nicht gleich in physischen Ansammlungen sichtbar sind ..." Zuerst denken wir wohl an die Steinkrankheiten – Gallensteine, Nierensteine oder Arteriosklerose, Arthrose mit ihren Knochenspangen. Wir können auch Ödeme als Fremdbildungen betrachten. Ödeme treten da auf, wo das Wässrige dem Aetherleib entfällt, so dass die rein physischen – physikalischen oder chemischen – Gesetze gelten. Das Wasser kann nicht mehr genügend vom Aetherleib durchdrungen werden, weil der obere Strom zu viel von aussen bringt und nicht genügend vom unteren Strom aufgenommen werden kann. Auch das Lungenemphysem ist eine solche

Fremdbildung. Da entfällt die Luft dem Astralleib, kann vom Astralleib innerlich nicht genügend durchdrungen werden. Es kann aber auch im seelischen Bereich solche „Fremdbildungen“ geben, z.B. Zwangsgedanken, auch Zwangshandlungen, oder nur schon der sogenannte „Ohrwurm“, wenn uns eine Melodie verfolgt. Gedanken, Töne, Worte, Gefühle, die von aussen in uns hinein gesetzt werden, und die wir nicht gleich wieder auflösen und einverleiben können.

In den *Abschnitten 17 und 18* wird der Heilungsprozess gegenüber solchen Fremdbildungen beschrieben. Das Heilen besteht darin, dass man den Aetherleib unterstützt, so dass er zur „richtigen Wirksamkeit kommt“. Der Blutstrom will das, was als Fremdes in den Organismus hinein kommt, „durchdringen mit der richtigen astralischen und ätherischen Kraft, die von unten heraufkommen kann, will abhalten das Ich oder den astralischen Leib mit dem Ich, für sich allein zu wirken.“

Man könnte denken, Heilen heisse einfach, den unteren Strom anzuregen, ihn dorthin zu schicken, wo der Aetherleib eben hingeleitet werden müsse. Aber genau genommen heisst es, den unteren Strom so zu stärken, dass er den oberen Strom, der zu stark von aussen wirkt, der „für sich allein wirkt“, in sich aufnimmt. Der untere Strom alleine wirkt zwar im Leib, im Stoffwechsel, im Blutstrom, doch er kann die Wesensglieder nicht verinnerlichen, denn er wirkt ja zentrifugal, das heisst auflösend. Aber er kann dem oberen Strom den Innenraum zugänglich machen, und ihn in seiner abbauenden, Fremdkörper bildenden Tätigkeit ablähmen, indem er ihn in seine zentrifugale Richtung aufnimmt. Denn der Text heisst: „...das andere System, das längs der Blutbahnen verläuft ... will dasjenige, was im Organismus ist, durchdringen mit der richtigen astralischen und ätherischen Kraft, die von unten heraufkommen kann, will abhalten das Ich, oder den astralischen Leib mit dem Ich, für sich allein zu wirken.“ *(Abschnitt 17)*. Und weiter in *Abschnitt 18:* „... dass nicht in der richtigen Weise die Ich-Tätigkeit vom Aetherleib aus eingreift.“ In der richtigen Weise würde also heissen, dass der obere

Strom eintaucht in den unteren Strom und so mit ihm zentrifugal, vom Aetherleib aus die Substanzen oder den Leib durchdringt. Wie man dies therapeutisch erreicht, soll nicht an dieser Stelle, bei der Textverarbeitung, erörtert werden.

Im *19. Abschnitt* wird die zweite Möglichkeit beschrieben, wie oberer und unterer Strom nicht richtig ineinander greifen. Da ist der obere Strom nicht zu stark, sondern zu schwach. Allerdings ist er nicht zu schwach, weil der untere Strom zu stark ist, sondern weil dieser zu schwach ist und ihm von unten zu wenig entgegen kommt. Da ist es gut, dabei zu verweilen und darauf zu achten, dass nie nur der obere oder der untere Strom hereinwirken kann. Geht der obere Strom hinaus, zum Beispiel beim Schlafen oder bei Bewusstlosigkeit, so ist auch der untere Strom draussen, in der geistigen Welt. Man lese hierzu den Kardinalsatz im *20. Abschnitt:* „Die Nachtorganisation des im Bette liegenden Menschen, nicht des unsichtbaren Menschen, der heraussen ist –"....

Achten wir im *19. Abschnitt* auf den Satz von den Wachstumskräften, die überwiegen, wenn der obere Strom zu schwach ist, zu wenig hereinwirkt. Da wird meistens der Aufbaustrom mit den Wachstumskräften verwechselt. Der untere Strom, der Aufbaustrom ist zu schwach, greift zu wenig ein in den Blutprozess, kommt dem oberen Strom zu wenig entgegen. So kann dieser zu wenig eintauchen in die Leiblichkeit. Dadurch ist der Aetherleib allein gelassen, so dass er seinen Auftriebskräften entsprechend zu stark nach oben wirkt. Für die Zweifler, ob dem so ist, sei der entsprechende Satz auch zitiert. Es wird von der Konstitution gesprochen, bei der die Menschen blass sind, schon in der Kindheit, „mager bleiben, oder auch durch die überwiegenden Wachstumskräfte schnell in die Höhe schiessen. Hier „...müssen wir dahin wirken, dass wir im ätherischen Leibe, wo eine zu starke Tätigkeit ist, diese abschwächen, ...dass wiederum die im ätherischen Leib hypertrophisch, übermässig wirkenden (Wachstums-)kräfte auf ihr gehöriges Mass zurückgeführt werden...".

Nun folgt die schwierige Sache mit der „Nachtorganisation".

Nachts bleibt das Physisch-Ätherische im Bett liegen, und das Geistig-Seelische verlässt den Leib. Steiner sagt es zwar umgekehrt: Die physisch-ätherische Organisation weigert sich in der Nacht, das Geistig-Seelische aufzunehmen. „Nachts“ heisst hier „im Schlaf“. Diesen Zustand des vom Geistig-Seelischen verlassenen Physisch-Ätherischen nennt er „Nachtorganisation“. Und die lebt eben in gewissen Ebenen oder Regionen auch in uns, wenn wir wachen. Auch im Wachzustand tragen wir schlafende Teile in uns. Diese nennt er Nachtorganisation. Bei den vorher beschriebenen langen blassen Dünnlingen ist diese Nachtorganisation zu stark und die Tagorganisation zu schwach, entsprechend dem zu wenig eingreifenden oberen Strom und dem die Leiblichkeit, das Physisch-Ätherische zu wenig durchströmenden unteren Strom.

Beim *21. Abschnitt*, wenn vom entgegengesetzten Prozess der Nahrungsmittel gesprochen wird, möchte ich jeweils gerne fragen, was denn das Gegenteil einer Orange sei. Ein „fremdartiger Prozess“ kann nie verinnerlicht werden. Er muss zuerst so zubereitet werden, dass er von der menschlichen Organisation aufgenommen werden kann. „In sein Gegenteil verwandelt zu werden“ heisst hier, nicht mehr Aussenwelt, nicht mehr äussere Natur zu sein, sondern als solche vollständig abgebaut zu sein, und von der menschlichen Organisation durchätherisiert, durchastralisiert und durchicht zu sein. Im 2. medizinischen Kurs spricht Steiner auch von „polaren Prozessen“, denen eine Substanz ausgesetzt ist. Auch dort geht es um die Polarität Natur und Mensch. Der polare Prozess eines Minerals oder einer Pflanze ist dieser Prozess, durch den der Mensch sich diese Substanz eingliedert.

Nun folgt das Beispiel mit dem Splitter. Es wird beschrieben, wie der menschliche Organismus unterschiedlich auf einen Fremdkörper reagiert. *Abschnitt 22* ist da wohl problemlos verständlich. Achten wir aber doch speziell darauf, dass es da, wo die Nerventätigkeit überwiegt, zu Absonderung kommt. Dass es also der obere Strom ist, der absondert und ausscheidet. Und achten wir darauf, was es heisst, die aufbauende Kraft in dem fliessenden Blut sei von ihrer

Stelle gerückt. Ein paar Zeilen später heisst es, der untere Strom könne dann nur den ätherischen Leib, nicht aber den physischen Leib durchdringen. Der ätherische Leib müsse vom oberen Strom, vom Astralleib ergriffen werden, ohne dass der Ätherleib vom physischen Leib durchdrungen werde. Liegt nun der eingestochene Splitter mehr an der Oberfläche *(Abschnitt 24-26)*, überwiegt primär die Nerventätigkeit. Diese „erregt die Bluttätigkeit", so dass es kein Exsudat gibt, nicht Absonderung gibt, sondern Auflösung, Eiterbildung. Wir haben gelernt, dass die Nerventätigkeit zentripetal wirkt, die Bluttätigkeit zentrifugal. Und jetzt heisst es hier in *Abschnitt 24*, der Eiter werde „durch den Stoss, der in der abbauenden Tätigkeit durch die Nervenbahnen geht, durch den Stoss nach der Peripherie nach aussen des Körpers getrieben". Einer der scheinbaren „Steiner'schen Widersprüche". Aber dem ist natürlich nicht so. Durch den Druck nach innen, der durch die zentripetalen Kräfte entsteht, kommt es zu dem, was Steiner hier „Stoss nach der Peripherie, nach aussen des Körpers" nennt.

Damit sei diese Textbesprechung abgeschlossen. Der Vortrag führt noch weiter, aber es geht ja nicht um eine Zusammenfassung des Textes, sondern um ein aufmerksam machen auf die verschiedenen Klippen und sogenannten Widersprüche. Und wenn man mit dem bisherigen zurecht kommt, werden die weiteren Beispiele und Erörterungen von *Abschnitt 29* an bis zum Schluss nicht neue Probleme bringen.

# VII Menschenkundliche Aspekte zur Eingliederung der Wesenglieder

Bisher haben wir von den drei Ich-Geburten im 3., 9. und 21. Lebensjahr gesprochen. Rudolf Steiner hat in seinen Schriften und Vorträgen unermüdlich dargestellt, wie Ich und Astralleib mit dem physischen Leib und Ätherleib zusammenwirken. In einigen davon wird diese Eingliederung der Wesensglieder im Lebenslauf noch spezieller beschrieben.

Wie wir dies am Beispiel des unsichtbaren Menschen gesehen haben, können sich übersinnliche Kraftsysteme nicht direkt inkarnieren. Da finden wir immer wieder diese Brücken, wo auf der einen Seite das physische Substrat so zubereitet wird, dass es Qualitäten in sich trägt, die auch das Geistige hat (z.B. Bewegung, Vitalität), und auf der andern Seite das Geistige dem Physischen entspricht durch seine Qualitäten (z.B. physische Organisation des unsichtbaren Menschen). Die Geistigkeit der Wesensglieder muss so abgelähmt werden, dass letztere sich mit dem physischen Leib verbinden können. Und die Substanz des physischen Leibes muss von innen so durchdrungen werden, dass das Äussere oder das freie Geistig-Seelische darin aufgenommen werden kann. Ohne diese komplizierten Vorgänge des Einpendelns könnten wir entweder in unserem Leib nicht erdentüchtig – „erden-lebensfähig" – werden, oder den Leib schon gar nicht bewohnen.

Nun gibt es vier Vorträge, in denen genau diese Schritte des Einpendelns beschrieben werden. Im Vortrag über meditativ erarbeitete Menschenkunde (GA 302a, 16.09.1920) wird dieses erste Hereinwirken der Individualität beschrieben. Im Band „Physiologisch-Therapeutisches" (GA 314, 27./28.10.1922) geht Steiner präziser auf die Verleiblichung der Wesensglieder im ersten Jahrsiebt ein. Weiter erfahren wir im sogenannten Entfesselungsvortrag (GA 174, 19. Vortrag) detailliert, wie Ich und Astralleib über das Nervensystem in den unteren Menschen gelangen. Der Vortrag über den „unsichtbaren Menschen in uns“ (11.02.1923) schliesslich beschreibt vor allem, wie das Geistig-Seelische im täglichen Leben hereinwirkt. In diesen vier Vorträgen wird zwar zum Teil auf das erste Jahrsiebt Bezug genommen, anderes gilt eher für später. Aber wir müssen uns diese verschiedenen Prozesse doch gleichzeitig verlaufend denken. Sie spielen sich alle gleichzeitig ab, haben aber nicht in jedem Lebensalter die gleiche Bedeutung.

Versuchen wir also, in eine synoptische Betrachtungsweise der genannten vier Vorträge einzusteigen. In Bezug auf den ersten Kontakt des Geistig-Seelischen mit dem geborenen Menschen können wir in „Meditativ erarbeitete Menschenkunde“ erfahren, wie von Geburt an „Strahlungen“ vom Kopf ausgehen und den ganzen Leib „bis in die Peripherie“ durchdringen. Diese Strahlungen nennt Steiner „...Kräfte, die in diesen Jahren, in denen die Nachahmung eine so grosse Rolle spielt, besonders wirksam sind.“ Er nennt diese Kräfte Seelentätigkeit, später auch plastisch-architektonische Kräfte. „Es sind dies hauptsächlich diejenigen Kräfte, die in das Kind gelegt sind von der geistigen Welt aus, in denen die kindliche Seele gelebt hat vor der Empfängnis, in der geistigen Welt.“

Direkt aus der geistigen Welt, aus dem vorgeburtlichen Menschen, tritt diese Seelentätigkeit, diese Strahlung vom Kopf, vom Gehirn aus in die Leiblichkeit ein und durchstrahlt von oben nach unten, bis in den Stoffwechsel hinein, und, mit diesem von innen nach aussen, bis in die Peripherie, bis in die Haut, den ganzen Leib. Diese Kräfte werden im 5. Vortrag von „Okkulte Physiologie“ (GA 128) als Gestaltungskräfte bezeichnet. Sie strahlen vom unteren Menschen aus herauf. „Das ist Seelentätigkeit, trotzdem sie vom physischen Leib ausgeht.“

Wir dürfen sie also nicht als oberen Strom des unsichtbaren Menschen betrachten, da letzterer von aussen über die Sinne hereintritt. Die Strahlungen aber treten von innen in das Gehirn, strahlen vom Kopf aus von oben nach unten. Und diese beiden inneren Kräftewirkungen – von oben nach unten und von unten nach oben – stossen aufeinander. Steiner spricht vom Kampf, der sich im Organismus abspielt zwischen den beiden Kräftearten, und der im Zahnwechsel dann seinen Abschluss findet.

Mit Abschluss des ersten Jahrsiebts sind diese „Seelenkräfte, die vorher im Organismus wirksam sind", neu tätig als Verstandeskräfte, als intellektuelle Kräfte. Es gibt nun Menschen, bei denen alle diese Kräfte ins Intellektuelle übergehen, und andere, die sich diese inneren Strahlkräfte bewahren. Letztere finden wir beim Bildhauer und beim Architekten als Skulpturkräfte So sehen wir, dass eine Entwicklungsstufe, ein Prozess abgeschlossen werden kann und Neues auftritt, bei dem der erste Prozess doch auch gleichzeitig weitergehen kann.

Gleichzeitig findet schon mit der Geburt auch das Wechselspiel zwischen oberem und unterem Strom des unsichtbaren Menschen statt, hat aber noch nicht die Bedeutung, die es im zweiten bis vierten Jahrsiebt dann erlangt. Mit den ersten Sinnesreizen bei der Geburt – Licht, Kälte, Berührung, Geräusche und Sprache, Geruch – wird der obere Ich-Strom hereingerufen. Gleichzeitig strahlen die zentrifugalen Kräfte von innen nach aussen. Aber ein Begegnen dieser zwei Ich-Ströme findet erst allmählich und schrittweise auf verschiedenen Ebenen statt.

Wie kommt das Kind aus diesem Zustand, in dem es zentrifugal und zentripetal durchstrahlt wird, ohne dem etwas entgegensetzen zu können, heraus? Wie werden die Wesensglieder verinnerlicht, wie entsteht überhaupt körpereigenes Inneres? Diesen Vorgang finden wir in den Vorträgen über die Nierenstrahlung von 27./28. Oktober 1922 (GA 314) sehr ausführlich beschrieben. Wir erfahren, wie das *Ätherische* eingefangen wird durch die Tätigkeit des Herz-Lungensystems. Und durch die Aufnahme des Sauerstoffs wird diese ätherische Organisation ins Physische eingegliedert.

In Bezug auf den *Astralleib* spricht Steiner noch deutlicher: Der Astralleib lebt zwar im gasförmigen Organismus, braucht aber einen

„unmittelbaren Angriffspunkt", um dort leben zu können. Und der ist das „Nieren-Blasensystem". Dieses strahlt die astralische Organisation in den menschlichen Organismus, von unten nach oben, von innen nach aussen, „bis in die Peripherie", bis ins Nervensystem. Von letzterem kommen dieser Nierenstrahlung die Haupteskräfte entgegen, die von oben abrunden und die Astralität zurückreflektieren. Dabei handelt es sich wieder um die vorher beschriebenen inneren Haupteskräfte. Und erst diese zurückgespiegelte Astralität kann dann verleiblicht werden. Hier der Wortlaut dieser Vorgänge: „...dass in der ersten Lebensepoche des Menschen bis zum Zahnwechsel diese Ausstrahlungen vom Leber- und Nierensystem abgestumpft (das heisst abgerundet) werden, vom Nerven-Sinnessystem her, und dass diese Abstumpfung das Wesentliche ist... ...aber diese Ausstrahlungen haben keine Bedeutung, sondern... ... erst die Reflexion in den Organismus hinein erscheint als das wirksame Prinzip." Durch diese Rückstrahlung entsteht erst das physische Organ von Niere und Blase unter der Wirkung des Stickstoffs.

Ein entsprechender Vorgang spielt sich auch für die *Ich-Organisation* auf der Ebene des Wärmeorganismus ab. Hier ist es das Leber-Gallensystem, das die Nahrung bis in die Ich-Organisation hinein bringt, und diese im Wärmeorganismus durch den ganzen Menschen strahlt. Auch diese radial ausströmenden Kräfte werden von den Hauptes-Kräften zurückgeworfen, so dass mit Hilfe des Wasserstoffs das Leber-Gallensystem bis in die physische Organbildung gestaltet wird, und die Ich-Organisation vom Wärmeorganismus aus auch den Luftorganismus, den Wasserorganismus bis in die physische Organisation durchdringt.

Im sogenannten Entfesselungsvortrag wird nun beschrieben, wo die Astralorganisation und die Ich-Organisation hereingespiegelt werden. Da wird das Sonnengeflecht als Hauptangriffspunkt des Ich genannt. Und zwar eben dieses reflektierte Ich, denn der Hauptangriffspunkt im Wärmeorganismus war ja das Leber-Gallesystem. Im Entfesselungsvortrag unterscheidet Steiner *Ich-Gedanke* und *wirkliches Ich*, das auch *tätiges Ich* genannt wird. „Das *wirkliche Ich* greift als bildsame Kraft durch das Sonnengeflecht in die ganze Organisation des Menschen ein." Das *wirkliche Ich* ist das Ich, das eben nicht von aussen gespiegelt ist wie beim oberen Ich-Strom vom Kästchenvortrag. Das *wirkliche Ich*, auch *tätiges Ich* genannt, wirkt über die Leber-Gallestrahlung herein und durch den ganzen Organismus, wird zurückreflektiert von den plastischen Kräften des Nervensystems, also von den inneren Haupteskräften und tritt über das Gangliensystem ein in den unteren Menschen. Steiner zeichnet dazu den Plexus sacralis als Eintrittspforte. Aber sicher gilt das genau so für den Plexus solaris. Man kann es aber auch mit den Ich-Strömen des unsichtbaren Menschen anschauen. Da ist das *Gedanken-Ich* das Ich-Bewusstsein, das durch die Spiegelung des oberen Stromes von aussen zustande kommt. Das *tätige Ich* erscheint, wenn der obere Strom eintritt, und im Innern, das heisst im rhythmischen Menschen, dem unteren Strom begegnet und über den Plexus solaris und den Plexus sacralis im Blutmenschen zentrifugal mit dem unteren Strom tätig wird.

Das Entsprechende gilt für den *Astralleib*. Dieser hat zum Eintritt in die Leiblichkeit den Hauptangriffspunkt im Rückenmark, in zweiter Linie aber auch im „Gangliensystem" (vegetatives Nervensystem).

Der *Ätherleib* hat im Gehirn sein Eintrittstor in die physische Organisation, aber auch im Rückenmark und im Gangliensystem. Er wird nicht von aussen reflektiert, sondern taucht schon im Haupte ein in die Leiblichkeit. So wird es im Entfesselungsvortrag beschrieben. Wenn wir in den Vorträgen über die Nierenstrahlung (27.10.1922) genau lesen, so finden wir, dass Ich und Astralleib von den Haupteskräften zurückreflektiert werden. Dadurch bleiben sie im Kopfbereich als freies Geistig-Seelisches und ermöglichen uns das Bewusstsein.

Wir können also mit Hilfe dieser Vorträge die schrittweise Eingliederung des Geistig-Seelischen in den Menschen gut verfolgen.

# VIII Angewandte Menschenkunde

Wenn der obere und der untere Strom richtig ineinanderwirken, sind wir gesund. Wann wirken sie richtig ineinander? In der richtigen Begegnung werden die von unten kommenden zentrifugalen Kräfte von den von oben kommenden zentripetalen Kräften zurückreflektiert und abgegrenzt, abgerundet – so entsteht Innenraum. Das Reflektieren nach Innen ist möglich, wenn der obere Strom ins Leibesinnere eintaucht und mit dem unteren Strom zentrifugal wirkt. Das richtige Ineinanderwirken der beiden Ströme ist dann möglich, wenn der obere Strom nicht von aussen wirkt, wenn er schnell genug verinnerlicht werden und sich in die zentrifugalen Kräfte des unteren Stromes abgeben kann.

Die beiden Ströme können aber auch zu stark oder zu schwach wirken. Ist der untere Strom zu schwach, kann ihm der obere nicht genügend entgegenkommen. Ist der obere Strom zu stark, kann der untere seine Wirkungen nicht genügend ausgleichen. Die beiden Ströme können auseinanderklaffen, so dass jeder in seiner Art, zentrifugal oder zentripetal wirkt. Dadurch fehlt der Innenraum. Der untere Strom kann zu stark auflösen oder der obere Strom zu tief im Leib stecken. Dann kommt eine Begegnung der Ströme nicht genügend zustande.

Nun wollen wir eine Übung beschreiben, mit der wir den zu stark von aussen wirkenden oberen Strom hereinholen und dadurch den fehlenden Innenraum herstellen können. Das geht am besten über die unteren Sinne, da diese schon im Leibesinnern tätig sind. Wenn wir beispielsweise den Tastsinn benützen, so holen wir den *oberen Ich-Strom* in uns herein. Denn mit jedem Sinnesreiz tritt das Ich neu in uns herein. Tasten wir nun von innen nach aussen, also zentrifugal von Innen an unsere Körperwand und erspüren sie, so schaffen wir damit gleichzeitig eine Qualität, die dem *unteren Strom* entspricht. Im Nervensystem herrscht Bewegungslosigkeit, dadurch kann das Gehirn zum Spiegel werden. Im Blutmenschen herrscht

Bewegung, Tätigkeit – da hinein wirkt der untere Strom. Tasten wir also zentrifugal, hin und her bewegend, schaffen wir Qualitäten, die den unteren Strom herankommen lassen. Und tasten wir nicht linear oder strahlig, so ist das eine Qualität, die dem *Aetherleib* entspricht, der so mit dem unteren Strom ins Physische hereinströmen kann. Auf den ersten Blick mag es etwas banal wirken, aber wenn man so übt, kann man erfahren, wie durch solche innere zentrifugale rundende, weitende Bewegungen der Innenraum entsteht und sich Wärme darin ausbreitet. Das kann dann nur ein Fuss oder eine Hand sein, oder auch der ganze Mensch. Gelingt es, den ganzen Menschen gleichzeitig überall von innen zu erspüren, so wird man sich rund fühlen, weil der Aetherleib mit Hilfe des unteren Strom den physischen Leib ganz von innen durchdringt. Die Rundheit der russischen Holzpuppe entspricht der Darstellung des den physischen Leib vollkommen durchdringenden Ätherleibes. Deshalb wird diese Übung auch Matrioschka-Übung genannt.

Es wird sich aber beim Üben zeigen, dass man die Körperwand nicht überall zu spüren bekommt. Wir kommen nicht genügend bis in die Peripherie, weil unsere abgrenzenden Haupteskräfte zu wenig verinnerlicht werden können. Sehr ausgeprägt zeigt sich dies beispielsweise beim Krankheitsbild des Neurasthenikers, bei dem die zentripetalen Kräfte zu einseitig von aussen wirken. Es ist aber auch der Fall beim Hysteriker, bei dem die zentrifugalen Kräfte überwiegen, obwohl der obere Strom hereinkommt. Das Geistig-Seelische ist dann zwar im Leib, aber fliesst durch die Leibesgrenzen aus, während beim Neurastheniker das Geistig-Seelische mehr aussen bleibt, von aussen auf den Leib wirkt. Beiden Konstitutionen wird diese Tastübung helfen, sich den Innenraum herzustellen, wenn es gelingt, von innen durch diese rundende weitende Tastbewegung die Leibeswand zu erspüren. Die Wiederholung der Bewegungen ist auch eine Qualität, die dem Ätherischen und dem Aufbaustrom entspricht. Deshalb wird es bei wiederholtem rundendem Tasten mit der Zeit gelingen, die fehlende Körpergrenze zu erspüren und von innen als Stütze zu benützen.

Gelingt die Übung, so werden wir einerseits zu einem ganz neuen Leibesgefühl kommen. Man könnte es „reell“ oder „Seinsgefühl“ nennen. Andrerseits kommen wir dadurch auch zu einem Erleben unseres Ichs als Ichgefühl, als das tätige Ich, als das Ich-in-mir. Bleiben wir in dieser Tätigkeit des Weitens, immer wieder neu von der Mitte ausgehend unseren Innenraum öffnend, können wir von dem Erleben des Ich-in-mir zum Erleben des Pauluswortes kommen: „Nicht ich, der Christus in mir.“ Denn durch das richtige Zusammenbringen der beiden Ich-Ströme in uns kommen wir über das *Ichgefühl* und das *tätige Ich* durch diese zentrifugale öffnende Bewegung über unseren unsichtbaren Menschen in Dimensionen dessen, was Steiner das wahre Ich nennt.

Durch das Tasten kann das Ich wirklich bis in den physischen Leib Fuss fassen. Rudolf Steiner schreibt über die unteren Sinne: „In ihnen erlebt sich das Ich in seiner Erfüllung“ (GA 45). Deshalb ist es wichtig, dass wir nicht nur einfach innerlich bewegen, sondern wirklich bis zum physischen Erspüren tasten. Dann kann sich das Ich im Leib sozusagen abstützen. Von da aus kann man die Grenzen des physischen Leibes gleichsam sprengen, das heisst weiten. Dies nennt Steiner bei der Eurythmie „den physischen Leib überwinden“. Das heisst nicht, ihn nicht mehr nötig zu haben, oder ihn zu vernachlässigen oder Ähnliches, sondern es heisst, ihn mit den Ich-Strömen und mit dem Aetherleib so zu durchdringen, dass er in die Gesetzesmässigkeit des Aetherleibes aufgenommen werden kann.

Wenn wir die Nebenübungen anschliessen, wie sie in „Anweisungen für eine esoterische Schulung“(GA 245, S. 15 ff. und S. 105 ff.) beschrieben sind, werden wir entdecken, dass uns Steiner damit nichts anderes gibt, als die Anleitung zu solchem Erfüllen und Überwinden des physischen Leibes. Nur sind die Ausführungen für die Tast- und Bewegungssinn-Erlebnisse dort noch differenzierter und führen weiter. Die Nebenübungen erweisen sich als Basisübungen, um zum leibfreien, nicht ans Gehirn gebundene Denken zu kommen. Es sind Grundübungen, um geistesgegenwärtig im Leib anwesend meditieren zu können. Grundübungen aber auch, um dem Alltag gewachsen zu sein. Zusätzlich hilft uns die „Matrioschka-Übung“ im Alltag so präsent zu sein, dass wir uns besser unter Kontrolle haben und von unserer Umwelt wahrgenommen und ernst genommen werden. So können wir mit unseren Kräften aus dem Vollen schöpfen ohne dabei zu schnell zu ermüden.

Folgen wir also der Beschreibung der Nebenübungen. Sie beginnen mit einem ersten Teil von Übungen, den ich den *exoterischen* Teil nenne, da er auch in öffentlichen Schriften beschrieben wird. Dieser erste Teil wird abgeschlossen mit einem zweiten Teil, den ich den *esoterischen* nennen möchte. Dieser zweite Teil hat tiefgreifende Wirkung bis in unsere „Geist-Seelen-Leibwirksamkeit“, weil durch die beschriebenen Massnahmen eigentlich der unsichtbare Mensch mit seinen Kräften hereinwirkt. Über die dritte und vierte Übung können wir bis zur Imagination, wenn nicht sogar zur Inspiration kommen. Davon später bei der Beschreibung von Wahrnehmungsübungen.

Bei der *ersten Nebenübung* sollen wir in der Konzentration auf einen Gedanken oder einen Gegenstand aufmerksam sein, „lauschen“ auf das Gefühl, das in uns durch die Gedankenkonzentration entsteht, um dann dieses Gefühl von Festigkeit und Sicherheit in den Körper zu giessen. In der esoterischen Stunde in München vom 06.06.1907 (GA 245, Seite 105 ff.) sagt Steiner, dass dieses Gefühl hauptsächlich im vorderen Teil des Kopfes auftrete. „Von da aus giesst man es ins Gehirn und Rückenmark“. Also nicht „strahlen“ oder „lenken“, sondern „giessen“, „hineingiessen“ heisst es. Das heisst, aus der Konzentration, in der wir mehr den zentripetalen Kräften folgen, wird das Gefühl denkend in die Dreidimensionalität, den Leib von innen nach aussen füllend, gelenkt. Dabei werden vor allem Tastsinn und Bewegungssinn aktiviert. Die Gedankenfestigkeit der Konzentrationsarbeit wird über das Fühlen, das Tasten, mit dem Leibesgefühl verbunden: „… dass man an sein Haupt und an die Mitte des Rückens (Hirn und Rückenmark) denkt, so wie wenn man jenes Gefühl (Festigkeit und Sicherheit) in diesen Körperteil giessen wollte.“ Bei der Beschreibung vom 06.06.1907 (Seite 106) erfahren wir den Prozess noch genauer: „… und zwar tritt es hauptsächlich im vorderen Teil des Körpers auf. Hat man es dort verspürt, so giesst man es in Gedanken ins Gehirn und ins Rückenmark."

Bei der *zweiten Übung*, „Initiative des Handelns", achte man auf das Gefühl von „innerem Tätigkeitsantrieb" und „giesse dieses Gefühl gleichsam so in seinen Leib, dass man es vom Kopfe bis über das Herz hinabströmen lasse." Bis über das Herz hinab kann auch heissen „zum Herzen fliessen (zu) lassen". Man beachte dabei, dass wir da das Gefühl zwar **zum** Herzen strömen lassen, aber eben **im** Brustkorb. Diese Übung ist besonders dazu geeignet, uns auf das Herz-Denken vorzubereiten. Sie wird uns aber auch helfen, vom Vorstellungswillen, bzw. der Willensvorstellung zum Ergebenheitswillen, zum Waltenlassen des Willens zu bringen. Wir werden uns dadurch umso kraftvoller mit unseren Willensimpulsen verbinden und identifizieren, aber ohne sie jemandem aufzudrängen. Denn wir füllen uns ja damit. Das heisst, unser Ich ist zentrifugal tätig, in der Richtung der Sympathiekräfte, die Innenraum schaffen, Raum schaffen und Weite geben.

Mit der *dritten Übung*, der Gelassenheitsübung, haben wir genau das, was oben als Matrioschka-Übung beschrieben wurde. Das Gefühl der inneren Ruhe, das durch die Gelassenheitsübung wächst, sollen wir so in den Leib giessen, dass man vom Herzen ausgeht, und von da aus bis in die Hände, die Füsse und schliesslich in den Kopf strahlen lässt (S. 106): „Dies Gefühl lässt man durch den ganzen Körper fliessen …".

Jetzt ist unser Leib bis in die Peripherie erfüllt mit Gedankenströmen, gefühlsbeladenem Gedankenströmen. Das heisst, der obere Strom ist bewusst tätig im unteren Strom und durchdringt mit ihm den Leib von innen bis an die Peripherie.

Nun folgt der etwas schwierigere Schritt in der *vierten Übung* – Positivitätsübung. Wieder finden wir zuerst die exoterische Tätigkeit, in jeder Sache und in jedem Geschehen das Positive aufzusuchen. Zum Beispiel indem wir fragen: „Wie kommt dieses Andere dazu, so zu sein oder so zu tun?" Dadurch wird sich unser Wahrnehmungshorizont erweitern, wir werden lernen, Wahrnehmung von Selbstempfindung zu trennen. Steiner beschreibt, wie dadurch ein neues Gefühl von Durchlässigkeit in uns auftritt und sich unsere Seele weit öffnet, so dass wir für subtilere Vorgänge wahrnehmungsfähig werden. Dieses Gefühl sollen wir wieder zum Herzen lenken. Wir können auch sagen, unser Herz damit füllen. Von da aus soll man es in die Augen und über die Augen hinaus in den Raum um uns herum strömen lassen.

In der zweiten Besprechung wird gesagt: „Dann bekommt man das Gefühl, als dehne man sich über seine Haut hinaus… Verspürt man dies Gefühl, so lasse man es von sich ausstrahlen durch Augen, Ohren und die ganze Haut, hauptsächlich durch die Augen." Das entspricht dem, was wir oben Weiten genannt haben: „…als dehne man sich über seine Haut hinaus." Dies ist eine verstärkte Verinnerlichung des oberen Stromes. Das Ich spiegelt sich nicht mehr am physischen Leib, sondern am Aetherleib. Dieser Vorgang wird auch im Vortragszyklus „Okkulte Physiologie" beschrieben. Durch diesen Umgang mit dem oberen Strom wird die Nerventätigkeit nicht ans Blut abgegeben, verschwindet nicht in der Leiblichkeit. Das heisst, gemäss dem Vortrag in „Okkulte Physiologie": „Die Nerventätigkeit wird nicht in die Bluttafel eingeschrieben, sondern wird vom Aetherleib in sich selber zurückreflektiert" (GA 128, 2. Vortrag). Dieser esoterische Teil der vierten Übung gelingt am besten, wenn man von der dritten ausgeht und während des Dehnens, während des Ausströmenslassens die dritte Übung des Füllens beibehält. Es sei hier schon vorweg genommen, dass dies genau dem entspricht, was bei der Eurythmie geschieht.

Damit sind wir mitten in der *fünften Übung*, der Unbefangenheits- oder Vorurteilslosigkeitsübung. Durch sie entsteht ein feines Gefühl in dem Umraum, der in der vierten Übung erlebt wird, „ein subtiles Vibrieren". Dieses Gefühl sollen wir durch alle fünf Sinne, vor allem auch durch die Haut (Wärmesinn) einströmen lassen. Auf dieser Stufe sollen wir allerdings nicht auf die Eindrücke der unteren Sinne (Tasten, Geschmack, Geruch) achten, unsere Aufmerksamkeit nicht auf sie richten, da man zu wenig die guten von den schlechten Einflüssen unterscheiden könne. Diese fünfte Übung ist wohl mit Abstand die schwierigste und wird bei Gelingen weit über die Imagination hinaus führen. Entsprechend der Beschreibung dürfte diese Übung im Körperlichen der Vorbereitung der Intuition dienen. Primär ist sie jedoch wie alle nun beschriebenen Übungen eine Hilfe, die Seelenfähigkeiten, die wir erüben, mit der Leiblichkeit zu verbinden. Dadurch erlangen wir echte Geistesgegenwart und die Möglichkeit, unser Handeln von ihr aus prägen zu lassen.

Ein weiteres Leiden, für das die angewandte Menschenkunde sehr hilfreich sein kann, ist Angst. Diese ist immer ein Symptom für partielle Lockerungen des Ätherleibes im Bereich des Sonnengeflechtes. Angstzustände und Panikattacken können auftreten, wenn der obere und der untere Strom auseinander klaffen. Bei Ängsten irgendwelcher Art, auch bei Panikattacken, kann der Patient mit der beschriebenen Methode seinen oberen Ich-Strom durch kräftiges Auseinanderdrücken der Beckenmuskulatur in den unteren Strom einbinden und so das Ich im Leib verankern. Besonders wirksam wird es sein, wenn er beim Kreuzbein beginnt, Steissbein und Kreuzbein nach hinten drückt und von da aus das ganze Becken dehnt. So sitzt er schliesslich in seinem Gesäss wie in einer Schale, die ihn trägt und hält. Dadurch wird auch der Aetherleib wieder mehr eingebunden, was die Angst auflöst. Der Patient bekommt Sicherheit und verliert die Angst vor der Angst. Bei regelmässigem Üben kann sie ganz verschwinden. Panikattacken treten in der ersten Zeit zwar noch auf, können aber damit besser kontrolliert werden. Sie treten bei gezieltem Üben in den sonst Panik auslösenden Situationen mit der Zeit nicht mehr auf. Dasselbe gilt auch für Flugangst, für Klaustrophobie und Agoraphobie.

Nun soll eine weitere Möglichkeit der angewandten Menschenkunde aufgezeigt werden. Rudolf Steiner gibt in dem Vortragszyklus „Mysteriengestaltungen" (GA 232) im zweiten Vortrag an, wie man zur Wahrnehmung von ahrimanischen Geistern im Nebel kommt. Ein Weg „unter anderen Übungen", um zur Imagination zu kommen, sei der, dass man „seinen Willen belastet". Das heisst, man erspürt bestimmte körperliche Organe, Muskeln namentlich, durch innere Konzentration auf die Muskeln und ruft so eine Art inneren Muskelgefühls, Muskelspürens herbei.

Es wird aber darauf ankommen, dass wir während diesem inneren Muskelspüren gleichzeitig unsere Aufmerksamkeit nach aussen auf das Wahrnehmungsobjekt richten – also wieder über innen nach aussen gehen. Durch das Muskelspüren tauchen wir mit dem oberen Strom ein ins Innere des Leibes, bleiben dabei aber bewusst, lassen ihn nicht verschwinden in der Bewusstlosigkeit des Leibes, im Blutstrom. Wir halten ihn bei vollem Bewusstsein in der zentrifugalen Richtung und lenken ihn mit unserer Aufmerksamkeit so über innen nach aussen. Vom Muskelspüren aus, vom Willensbereich aus, lenken wir die Aufmerksamkeit auf das Objekt. Man könnte auch sagen, wir weiten uns, ähnlich wie es bei den Nebenübungen beschrieben wurde. Dadurch kommt die Spiegelung im Ätherischen zustande: Wir begegnen mit unserem Ich-durchdrungenen Aetherleib dem Ätherischen um uns. Begegnen heisst genau genommen, wir leben damit im wahrzunehmenden Wesen – und das Wesen in uns. Unser Aetherleib, unser Ich im Aetherleib, macht die Bewegungen mit, die der Aetherleib des Wahrzunehmenden macht und erlebt dadurch das imaginative Bild des Wesens. Dabei ist darauf zu achten, dass wir in voller Wachheit bleiben, indem wir die physische Erscheinung, in unserem Beispiel den Nebel, gleichzeitig im Auge behalten.

Während wir also bei der gewöhnlichen Sinneswahrnehmung von aussen auf den Nebel schauen und durch die Vorstellungskräfte den Wahrnehmungsvorgang mit einem fertigen Begriff beschliessen, „schauen" wir beim Imaginieren mit dem ganzen Menschen, mehr vom Tasten ausgehend, von innen nach aussen Bewegung und Form erspürend, den Nebel von innen erlebend. Das heisst, wir verhindern das zentripetale Abschliessen der Vorstellungskräfte und bleiben in der bewussten Willenstätigkeit, in den zentrifugalen Kräften. Das nennt Rudolf Steiner „bewusst“ oder „von sich aus den Willen belasten“. In ähnlicher Weise spricht Steiner im Vortrag von „Grenzen der Naturerkenntnis“ (GA 322). Da beschreibt er auch, wie wir über den Tastsinn zur Imagination kommen können.

Mit der Kenntnis der Ich-Ströme des unsichtbaren Menschen haben wir die menschenkundlichen Grundlagen zum Verständnis dieser Vorgänge. Blicken wir „normal“, das heisst von aussen auf ein Wahrnehmungsobjekt, so überwiegt der obere, zentripetale Strom. Das Geistig-Seelische wirkt von aussen und bleibt draussen. Es liefert uns nur das tote Spiegelbild des Objektes, obwohl bei der Sinneswahrnehmung der viergliedrige untere Strom dem oberen auch entgegenkommt. So kommt überhaupt ein seelisches Erleben durch den Sinnesreiz zustande.

Suchen wir die Imagination, das nur imaginativ Wahrzunehmende, so können wir über den Tastsinn (Tast- und Bewegungssinn) den oberen Strom, das Geistig-Seelische eintauchen lassen in den unteren Strom, ohne das Bewusstsein dabei aufzugeben. Dadurch kann das Geistig-Seelische aufwachen im Ätherischen. Es erfährt nicht das tote Spiegelbild, sondern die ätherische Erscheinung. Am Besten geht diese Art zu üben am bewegten Wasser, am Bächlein oder am vom Wind bewegten See. Betrachtet man Pflanzen auf diese Weise, so kann es gelingen, die Wachstumsbewegungen, die ätherischen Wachstumsströmungen zu erleben.

Das Üben an Pflanzen ist vielleicht noch näher an dem, was Steiner in dem zweiten Vortrag von „Mysteriengestaltungen“ weiterhin beschreibt. Er lehrt uns, wie wir mit Imaginationen die luziferischen Geister in dem flutenden Lichte über den Wolken eines Abendhimmels schauen können. Das ist eine Steigerung des vorher Beschriebenen. Der Mensch geht mit seinem Denken weit über sich selbst hinaus, wenn er versucht, „… das gewöhnliche Denken mitgehen zu lassen mit den die Gestalten und Farben verwandelnden Wolken, wenn er seinen Gedanken die Möglichkeit gibt, statt scharfe Umrisse zu haben, sich zu metamorphosieren, sich zu wandeln, wenn die

Gedanken selber so weit und so eng werden, wenn sie mitgehen mit den Wolkengebilden, wenn sie Gestalt und Farben der Wolkenbildungen mitmachen.“ Betrachten wir auf diese Weise die Pflanzen, so werden am physischen Erscheinungsbild auch die Ätherströmungen erlebbar.

Der geneigte Leser hat wohl beachtet, dass wir hier auf der Denkebene das Gleiche machen wie bei dem Muskelspüren auf der Willensebene. Aber eigentlich ist es doch auch ein Tastvorgang. Wenn Steiner sagt, den Gedanken die Möglichkeit geben, nicht scharfe Umrisse zu haben, so heisst das wieder, die Gedankentätigkeit so aufrecht erhalten, dass es nicht zur Spiegelung kommt. Die Gedanken sollen so in den zentrifugalen Kräften behalten werden, dass es nicht zur Spiegelung kommt, dass sie nicht in die Form gerinnen. So können sie in Bewegung bleiben, müssen nicht erstarren, können sich metamorphosieren und wandeln. Die eigenen Gedankenkräfte folgen den Formen und Bewegungen des Wahrnehmungsobjektes, durchdringen die starre Form, deren Abbild und leben in den Kräften, die zu dieser Form geführt haben. Wieder ist es die Bewusstseinsspiegelung im Ätherischen, die zum wachen imaginativen Wahrnehmen führt.

Eine ganz einfache, elementare Übung zum Vorbereiten des imaginativen Wahrnehmens kann mit einem Stein und einer Pflanze gemacht werden. Man betrachte zuerst den Stein, lasse ihn auf sich wirken. Dabei achte man, wie man sich dabei fühlt – zum Beispiel, wo man sich im Leib am meisten spürt. Dann betrachte man in der gleichen gewöhnlichen Art eine Pflanze. Am Besten geht es mit einer blattreichen Pflanze. Wieder achten wir nach kurzem Betrachten darauf, was für ein Gefühl in uns entsteht. Vielleicht merkt man schon beim ersten Mal einen Unterschied – vielleicht auch nicht. Jetzt machen wir das, was Steiner seelisches Muskeltraining nennt. Wir wechseln ein paar Mal vom Stein zur Pflanze und wieder zum Stein. Es wird für jeden der Moment eintreten, wo er die zusammenziehenden, zentripetal wirksamen Kräfte des Steines, und die weitenden, zentrifugal wirksamen Kräfte der Pflanze in sich und an Stein und Pflanze erleben wird.

Mit diesem Instrument können wir nun auch andere Objekte untersuchen mit der Frage, ob zentrifugale, weitende Kräfte oder zusammenziehende, zentripetale Kräfte überwiegen. So kann man künstliche Blumen oder Früchte von echten unterscheiden, oder prüfen, ob ein Baum schon abgestorben ist oder nicht. In der Wesensgliederdiagnose kommen wir damit auch näher an die Frage, wie der Aetherleib den physischen Leib an verschiedenen Stellen durchdringt. Wir können so auch prüfen, wie oberer und unterer Ich-Strom im Leib wirken.

Es wurde versucht aufzuzeigen, wie die Kenntnis des unsichtbaren Menschen und seiner Ich-Ströme uns bis ins ganz Konkrete und Praktische, aber auch für den Schulungsweg eine „handfeste“ Hilfe sein kann. Deshalb die Überschrift „Angewandte Menschenkunde“.

# IX Eurythmie und Heileurythmie vom Gesichtspunkt des „Kästchenvortrages“

Mit der Kenntnis der Ich-Ströme des unsichtbaren Menschen kann auch der Wesensglieder-Aspekt der Eurythmie untersucht werden. Für einen gesamten menschenkundlichen Aspekt müsste man auch auf die Zusammenhänge von Planeten und Tierkreis mit Vokalen und Konsonanten und mit dem menschlichen Organismus eingehen. Da dies aber den Rahmen dieser Arbeit sprengen würde, wird darauf nicht eingegangen.

In Bezug auf die Wesensglieder und die Ich-Tätigkeit beim Eurythmischen kann man doch das Spezifische der Eurythmie erkennen. Gestützt auf das vorher Beschriebene können wir sagen: Der Ansatz der Bewegung liegt immer im Innern. Die Bewegung geht, immer von innen nach aussen, dreidimensional. Einen Ansatz im Innern, von innen nach aussen, können wir auch bei gewissen Therapierichtungen wie rhythmische Massage, Eutonie, Feldenkrais, Middendorf finden. Letztere führt auch zu dem dreidimensionalen Erleben des Leibes. Sicher könnte man die Reihe noch fortsetzen.

Bei der Eurythmie kommt dieses vollbewusste Bewegen über innen nach aussen dazu. Wir öffnen unseren Innenraum und weiten ihn in den Umraum, so dass unser Laut vom kosmischen Laut aufgenommen werden kann – und umgekehrt. Unser Leib wird Erscheinungsort der kosmischen Lautkräfte. Das Gleiche gilt auch für die Toneurythmie.

Dies wird möglich, weil durch den eurythmischen Bewegungsansatz der obere Ich-Strom direkt von innen nach aussen geführt wird. So kommt es nicht zu Spiegelung, sondern zu Erscheinung. Erscheinung von Geistigem dadurch, dass wir durch die entsprechende Bewegung die Qualitäten desselben herstellen, und über den untern Strom, über den unsichtbaren Menschen mit der geistigen Welt verbunden sind. Wir leben durch den unsichtbaren Menschen auch im Wachzustand in der geistigen Welt. Wir wissen nur nichts davon, wenn wir einseitig in den zentripetalen Kräften, in den gespiegelten Gedanken leben.

Für die Heileurythmie gilt das Gleiche wie für die Eurythmie, nur gehen wir mit der inneren Bewegung weniger in den Umraum, sondern arbeiten mehr leibbezogen. Leibbezogen heisst aber, den Leib durcheurythmisieren, also auch von innen nach aussen, von innen an die Leibeswand oder auch über diese hinaus bewegend. So verstehen wir, weshalb wir mit Heileurythmie schmerzlindernd wirken können. Wie wir gesehen haben, kommt Schmerz dadurch zustande, dass der Astralleib zu stark von aussen, direkt ins Physische wirkt. Die zentripetalen Kräfte des oberen Stromes überwiegen. Arbeiten wir uns an dieser Stelle nun mit einem Laut, einer heileurythmischen Bewegung von innen an und durch die Schmerzstelle hindurch, so wird der obere Strom von innen engagiert und die zentripetalen Kräfte, der Schmerz, lösen sich.

Nun können wir auch verstehen, weshalb bei Lähmungen die Heileurythmie so hilfreich sein kann. Bei Lähmungen steckt das Ich zu tief im Leib. Das Einbinden und Lösen ist nicht mehr möglich. Der obere Strom ist zu stark, wirkt von aussen nach innen – jedenfalls bei der spastischen Lähmung. Wenn wir jetzt für und mit dem Gelähmten innerlich Laute bewegen, so schaffen wir die Möglichkeit, dass der obere Ich-Strom sich wieder herauslöst und in der rechten Art sich verinnerlichen kann, so dass die Ich-Organisation über innen wieder frei wird für die Bewegung.

Es sollen noch einige Beispiele folgen, die zeigen, wie wir auch im Heileurythmiekurs (GA 315) Beschreibungen finden, für die uns die Kenntnis des unsichtbaren Menschen hilfreich sein kann.

Am Ende des *dritten Vortrages* spricht Rudolf Steiner über die Notwendigkeit, das Bildhafte in die Sprache zu bringen: „...das Wort, das ohne Bildlichkeit erlebt wird, ist eigentlich eine innere Krankheitsursache“ (GA 315, 3. Vortrag, letzte Seite). Durch das abstrakte Erlernen der Sprache komme es zu einem „unrhythmisch werden des rhythmischen Systems und zu einem Verweigern der

Kräfte des Stoffwechsels. Beim „abstrakten Erlernen der Sprache" bleibt der obere Strom zu stark im Bereich des Nervensinnessystems. Es fehlen die Bedingungen, dass die Sprache über den rhythmischen Menschen bis in den Stoffwechsel wirken kann. Es fehlen die Bedingungen, dass der untere Ich-Strom dem, was durch die Sprache von oben nach unten geschieht, genügend entgegenkommen kann.

Im *fünften Vortrag* können wir die seelischen Übungen Ja-Nein und Sympathie-Antipathie auch unter diesem Gesichtspunkt betrachten.

Zur Ja-Nein-Übung sagt Steiner, das sei „die eurythmische Fixierung des Urteils". Gegeben wird sie zur Behandlung von „Kurzatmigkeit". Sie bewährt sich in der Praxis aber auch bei Asthma. Die Übung wird so charakterisiert, dass gesagt wird, der Gedanke habe Flügel bekommen und sei in die Bewegung übergegangen. „So ist das ein Gedanke, der reitet auf der Bewegung". Und dadurch erreicht man „... auf dem Umwege durch den Aetherleib" die Wirkung auf die Kurzatmigkeit. Was heisst aber: „Der Gedanke reitet auf der Bewegung" und „auf dem Umwege durch den Aetherleib"? Der Gedanke entsteht primär durch die Tätigkeit des oberen Stromes. Durch die Spiegelung des oberen Stromes am Nervensystem sind wir wach. Führen wir nun mit dieser Wachheit die Bewegung von Ja-Nein aus, so führen wir den oberen Ich-Strom bis in die Beine. Mehrmals soll diese Bewegung gemacht werden und relativ schnell. Mit jedem Mal wird es besser gelingen, den oberen Strom direkt zentrifugal im Bein anzusetzen, die Bewegung direkt von innen auszuführen. Dadurch wird das gespiegelte Bewusstsein im Kopf etwas abgedämpft, das Bewusstsein in den Beinen aber wird wacher. Der obere Strom wirkt über den unteren Strom, „auf dem Umwege durch den Aetherleib". Dadurch presst er nicht mehr oben, sondern schafft von unten Innenraum, so dass die Atmung freier wird. Der Gedanke wird eingebunden bis in die Gliedmassen, das heisst, bis in den Willensbereich. Verengende, zusammenziehende, zentripetal wirkende Kräfte werden bis in den unteren Menschen geführt und umgewandelt in zentrifugale, Raum schaffende Kräfte.

Bei der Übung Sympathie-Antipathie ist dieser Prozess des Verinnerlichens noch verstärkt. Rudolf Steiner nennt sie eine Willenszustimmung. Wir gehen also nicht vom Gedanken, sondern vom Willen aus. Diese Übung wird langsam ausgeführt. Bei dieser Bewegung schlafe man sozusagen ein, es entsteht dabei das imaginative Bild des Schlafes. „So ist das Ich in Relation zum Körper stärker tätig, als es sonst ist." Der obere Strom taucht durch diese Bewegung noch mehr ein in den unteren Strom, gibt sich ganz den zentrifugalen Kräften des unteren Stromes hin. Zentrifugale Kräfte, die weiten, die sind es auch, die unsere Geistseele in den Schlaf führen. Jetzt aber machen wir die gleiche Bewegung wachend. Dadurch stärken wir das Ich im unteren Menschen, und zwar vom unteren Menschen aus. Dadurch wirkt die Übung anregend auf die Zirkulation und die Verdauung. „Gesamtverdauung", sagt Steiner. Die Wirkung liegt nicht nur im Darmbereich, im Darmkanal, sondern auch im Bereich jenseits der Darmwand.

So könnte man noch viele Übungen in Bezug auf die Verhältnisse des Zusammenwirkens der Ich-Ströme betrachten. Die genannten Beispiele sollen zur Anregung dazu dienen.

# X Schlussbemerkung

Diese Studienbeiträge erheben nicht den Anspruch auf Vollständigkeit. Sie könnten durch unzählige Stellen aus dem Vortragswerk und aus den Schriften Rudolf Steiners ergänzt werden. Auch könnte man noch einige Krankheitsbilder unter diesem Gesichtspunkt betrachten. In diesem Sinne möchten diese Ausführungen als Studienmaterial anregen.

## XI Der unsichtbare Mensch in uns. Das der Therapie zugrundeliegende Pathologische.

*Dornach, 11. Februar 1923*

In dem Menschen, wie er vor uns steht, sind eigentlich deutlich zwei Wesenheiten zu unterscheiden. Sie erinnern sich, daß ich in verschiedenen Betrachtungen der letzten Zeit ausführte, wie die physische Organisation des Menschen geistig vorbereitet wird im vorirdischen Leben, wie sie dann gewissermaßen als geistige Organisation heruntergeschickt wird, bevor der Mensch selbst mit seinem Ich in das irdische Dasein hereinkommt. Diese geistige Organisation ist im wesentlichen auch während des ganzen physischen Erdenlebens nachwirkend, nur drückt sie sich während des physischen Erdenlebens nicht in etwas äußerlich Sichtbarem aus. Das äußerlich Sichtbare wird bei der Geburt im wesentlichen abgestoßen, denn es sind die Hüllen, in welche der Menschenkeim während der Embryonalzeit eingehüllt ist: Chorion und Amnionsack, die Allantois, alles das, was also abgestoßen wird als physische Organisation, wenn der Mensch aus dem Mutterleibe heraus ein freies physisches Dasein gewinnt. Aber tätig bleibt im Menschen diese vorirdische Organisation sein ganzes Leben lang. Nur ist ihre Beschaffenheit etwas anders als die Leibes-Seelen-Geistwirksamkeit des Menschen während des physischen Erdenlebens. Und darüber möchte ich heute etwas sprechen.

Wir haben also gewissermaßen in uns einen unsichtbaren Menschen, der enthalten ist in unseren Wachstumskräften, auch in denjenigen verborgenen Kräften, wodurch die Ernährung zustande kommt, der enthalten ist in alledem, worüber sich die bewußte Tätigkeit des Menschen eigentlich nicht erstreckt. Aber auch in diese unbewußte Tätigkeit, bis in die Wachstumstätigkeit, bis in die tägliche Wiederherstellung der Kräfte durch die Ernährung, geht [seine} Wirksamkeit hinein. Und diese Wirksamkeit ist eben die Nachwirkung des vorirdischen Daseins, das im irdischen Dasein ein Kräfteleib wird, der in uns wirkt, aber der nicht eigentlich zur bewußten Offenbarung kommt. Diesen unsichtbaren Menschen, den wir alle in uns tragen, der in unseren Wachstums-, in unseren Ernährungskräften steckt, der auch in den Reproduktionskräften steckt, diesen unsichtbaren Menschen möchte ich Ihnen zunächst seiner Beschaffenheit nach schildern.

Wir können das schematisch tun, indem wir uns sagen: Auch in diesem unsichtbaren Menschen sind enthalten das Ich, die astralische Organisation, die ätherische Organisation, also der Bildekräfteleib, und die physische Organisation. Natürlich, diese physische Organisation steckt bei dem geborenen Menschen in der anderen physischen Organisation drinnen, aber Sie werden im Laufe der heutigen Betrachtungen das Eingreifen des unsichtbaren Menschen in die physische Organisation erfassen können.

Wenn ich schematisch zeichne, so muß ich es so zeichnen (siehe Zeichnung links):

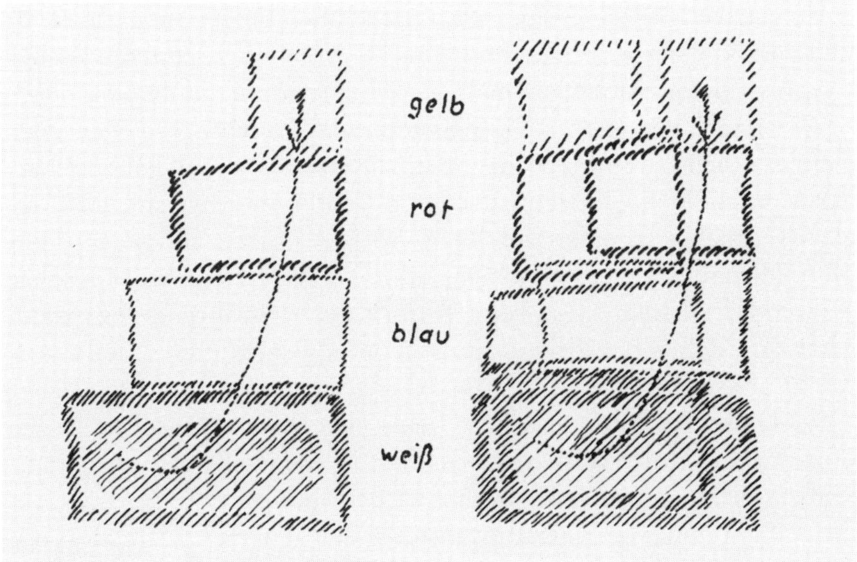

Wir haben in diesem unsichtbaren Menschen zunächst die Ich-Organisation (gelb), wir haben dann die astralische Organisation (rot), dann die ätherische Organisation (blau), und wir haben die physische Organisation (weiß). Diese physische Organisation, die in Betracht kommt für den unsichtbaren Menschen, greift nur ein in die Ernährungs-Wachstumsprozesse, in alles das, was von dem unteren Menschen, wie wir ihn öfter geschildert haben, von dem Stoffwechsel-Gliedmaßenmenschen sich in der menschlichen Organisation geltend macht. Alle Strömungen, alle Kräftewirkungen in diesem unsichtbaren Menschen gehen so vor sich, daß sie ausgehen von der Ich-Organisation, dann in die astralische, in die ätherische und in die physische Organisation gehen, und in der physischen Organisation sich dann ausbreiten (siehe Pfeil in Zeichnung Seite 69). Beim Menschenkeim ist dasjenige, was hier physische Organisation genannt wird, in den Häuten, in den Hüllen des Embryo vorhanden, im Chorion, in der Allantois, in dem Amnionsack und so weiter. Beim geborenen Menschen ist all das, was hier physische Organisation genannt wird, enthalten in denjenigen Vorgängen, welche Ernährungs-Wiederherstellungsvorgänge im ganzen Menschen sind. Also nach außen hin ist diese physische Organisation hier (siehe Zeichnung rechts) von der anderen physischen Organisation des Menschen nicht getrennt, sondern mit ihr vereinigt.

Wir haben gewissermaßen neben diesem unsichtbaren Menschen dann den sichtbaren Menschen, den wir vor uns stehen haben, wenn der Mensch eben geboren ist. Diesen sichtbaren Menschen will ich gewissermaßen daneben zeichnen. So also würde die gegenseitige Durchdringung des physischen und des überphysischen Menschen während des Erdenlebens sein. Nun ist es aber während des Erdenlebens so, daß fortwährend diese Strömung stattfindet (Pfeil): vom Ich zum astralischen Leib, zum ätherischen Leib, zum physischen Leib. Diese Strömung verläuft beim geborenen Menschen in der Gliedmaßen-Stoffwechselorganisation, in alledem, was Bewegungskräfte sind, und was die innerlichen Bewegungskräfte sind, welche die aufgenommenen Nahrungsmittel in den ganzen Organismus tragen bis zum Gehirn hinauf.

Dagegen gibt es auch ein unmittelbares Eingreifen, eine Kräftewirkung, die nun von dem Ich direkt in den ganzen Menschen hineingeht (siehe farbige Zeichnung 1). Wir haben also ein Eingreifen einer Tätigkeit, einer Strömung gewissermaßen, die direkt von dem Ich aus in die Nerven-Sinnesorganisation hineingeht, die also nicht erst durchgeht durch den Astralleib, durch den Ätherleib, sondern die direkt in den physischen Leib des Menschen eingreift. Natürlich ist dieses Eingreifen ja nur am stärksten am Kopfe, wo die meisten Sinnesorgane konzentriert sind. Aber ich müßte diese Strömung eigentlich so zeichnen, daß sie sich zum Beispiel über den Hautsinn über den ganzen Menschen wiederum ausbreitet, gerade wie ich auch eine Strömung zeichnen müßte für das Einnehmen der Nahrungsmittel durch den Mund. Aber schematisch ist die Zeichnung so, wie ich sie eben gemacht habe, durchaus richtig. Wir haben also im menschlichen Haupte eine solche Organisation, die von unten heraufströmt, die vom Ich ausgeht, aber durchgegangen ist durch das Astralische, Ätherische, Physische und dann zum Ich heraufströmt. Wir haben eine andere Strömung, die direkt in das Physische hineingeht und hinunterströmt.

Wenn wir den menschlichen Organismus prüfen, dann kommen wir dazu, einzusehen, daß diese unmittelbare Strömung, die also vom Ich direkt in das Physische hineingeht und sich dann im Körper verzweigt, entlang den Nervenbahnen geht (siehe farbige Zeichnung 1, gelb). So daß also, wenn die menschlichen Nerven im Organismus sich ausbreiten, der äußere sichtbare Nervenstrang das äußere sichtbare Zeichen ist für die Ausbreitung derjenigen Strömung, welche direkt vom Ich nach dem ganzen Organismus geht, aber unmittelbar vom Ich aus in die physische Organisation hineingeht. Längs der Nervenbahnen läuft zunächst die Ich-Organisation. Diese ist für den Organismus eine wesentlich zerstörende. Denn da kommt der Geist direkt hinein in die physische Materie. Und überall, wo der Geist direkt in die physische Materie hineinkommt, liegt Zerstörungsprozeß vor, so daß also längs der Nervenbahnen, von den Sinnen ausgehend, ein feiner Todesprozeß im menschlichen Organismus sich ausbreitet.

Diejenige Strömung, welche zuerst im unsichtbaren Menschen nach dem astralischen, ätherischen und dem physischen Leibe geht, die können wir im Menschen verfolgen, wenn wir die Blutbahnen bis zu den Sinnen hin verfolgen (siehe farbige Zeichnung 1, rot), so daß wir also, wenn wir den Menschen, so wie er vor uns steht, prüfen, sagen können: In dem Blute strömt das Ich. – Aber das Ich strömt so, daß es zuerst seine Kräfte durchseelt hat durch die Astralorganisation, durch die ätherische und durch die physische Organisation. Das Ich strömt, nachdem es zuerst die astralische, die ätherische Organisation mitgenommen hat, durch die physische Organisation im Blute von unten hinauf. Es strömt also der ganze unsichtbare Mensch in dem Blutvorgang als ein aufbauender, als ein Wachstumsvorgang, als derjenige Vorgang, der immer von neuem den Menschen erzeugt durch die Verarbeitung der Nahrungsmittel. Dieser Strom strömt im Menschen von unten nach oben, können wir schematisch sagen, ergießt sich dann in die Sinne, also auch in die Haut, und kommt derjenigen Strömung entgegen, die direkt vom Ich aus die physische Organisation ergreift. Allerdings ist die Sache in Wirklichkeit noch komplizierter. In Wirklichkeit müssen wir auch auf den Atmungsvorgang sehen.

Beim Atmungsvorgang ist es so, daß das Ich allerdings bis in den astralischen Leib strömt, dann aber direkt in die Lunge mit Hilfe der Luft. So daß den Atmungsvorgängen auch etwas vom übersinnlichen Menschen zugrunde liegt, aber so, daß nicht wie beim Nerven-Sinnesprozeß das Ich direkt eingreift in die physische Organisation, sondern das Ich sich noch durchtränkt mit den Astralkräften, den Sauerstoff ergreift, und dann erst, jetzt nicht als reine Ich-Organisation, sondern als Ich-Astralorganisation, in den Organismus eingreift mit Hilfe des Atmungsprozesses (siehe farbige Zeichnung 1, dritter Pfeil). Man könnte also sagen: Der Atmungsprozeß ist ein abgeschwächter Zerstörungsprozeß, ein abgeschwächter Todesprozeß. Der eigentliche Todesprozeß ist der Nerven-Sinnesprozeß, ein abgeschwächter Zerstörungsprozeß ist der Atmungsprozeß.

Ihm steht dann gegenüber derjenige Prozeß, wo das Ich sich auch

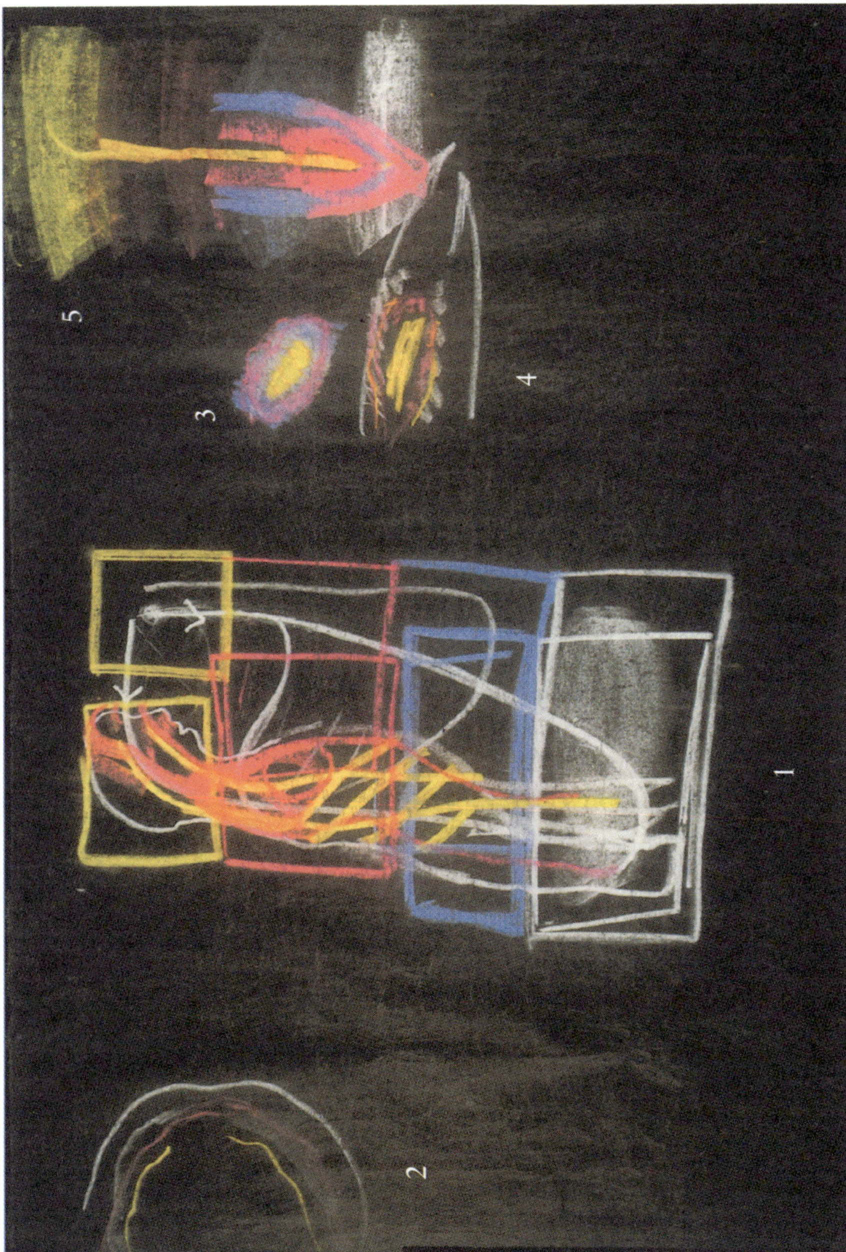
1
2
3
4
5

noch verstärkt dadurch, daß seine Strömung bis zum Ätherleib geht und dann erst aufgenommen wird (siehe farbige Zeichnung 1, vierter Pfeil). Dieser Prozeß, der schon sehr stark im Übersinnlichen liegt, so daß er von der gewöhnlichen Physiologie eben nicht verfolgt werden kann, wirkt im Pulsschlage noch äußerlich vernehmbar. Das ist ein Wiederherstellungsprozeß, der nicht so stark ist wie der direkte Stoffwechsel-Herstellungsprozeß, sondern ein abgeschwächter Wiederherstellungsprozeß. Und er begegnet sich dann mit dem Atmungsprozesse.

Der Atmungsprozeß ist bis zu einem gewissen Grade ein Zerstörungsprozeß. Würden wir mehr Sauerstoff aufnehmen, so würde unser Leben viel kürzer sein. Unser Leben wird in dem Maße verlängert, je mehr der Kohlensäurebildungsprozeß durch das Blut entgegenkommt der Aufnahme des Sauerstoffes im Atmungsprozeß.

So wirkt alles innerlich im Organismus zusammen, und man kann eigentlich dasjenige, was in dem Organismus vor sich geht, nur verstehen, wenn man zu diesem Verständnis den übersinnlichen Menschen zu Hilfe nimmt, weil der ja äußerlich sichtbar mit den Hüllen des Embryos abgestreift wird und im geborenen Menschen eigentlich nur noch durch unsichtbare Kräfte wirkt, die wir aber genau bezeichnen können, wenn wir von der anthroposophischen Menschenerkenntnis ausgehen.

Wenn wir mit anthroposophischer Menschenerkenntnis zum Beispiel in das Auge sehen, so haben wir, im Auge ankommend, den Blutprozeß, der in den feinen Verzweigungen verläuft (siehe farbige Zeichnung 2, rot) und der dann ergriffen wird von dem Nervenprozeß (gelb), der nach der anderen Richtung geht. Der Blutprozeß geht eigentlich immer nach der Peripherie, zentrifugal im Menschen. Der Nervenprozeß, der eigentlich ein Abbauprozeß ist, geht immer zentripetal, geht gegen das Innere des Menschen zu. Und alle Vorgänge, die im Menschen stattfinden, sind Metamorphosen dieser zwei Vorgänge.

Wenn der Vorgang, der sich abspielt zwischen Puls und Atem, in Ordnung ist, dann ist der untere Mensch mit dem oberen Menschen in einer richtigen Verbindung, und dann muß eigentlich der Mensch, wenigstens innerlich, wenn nicht äußere Verletzungen an ihn herantreten, im Grunde gesund sein. Nur wenn der Abbau überwiegt, dann werden übergreifende Zerstörungsprozesse im Organismus sich abspielen. Der Mensch ist dadurch krank, daß sich Fremdartiges in seinem Organismus ansammelt, das nicht in der richtigen Weise verarbeitet ist, das zuviel der Abbaukräfte in sich enthält, das zuviel enthält von dem, was verwandt ist der äußeren physischen Natur, die auf der Erde in des Menschen Umgebung ist.

Durch das direkte Eingreifen des Geistigen auf dem Umwege des Ich werden im Menschen alle diejenigen Vorgänge von krankhafter Art erzeugt, welche Fremdbildungen sind: Fremdbildungen, die vielleicht nicht gleich in physischen Ansammlungen sichtbar sind, Fremdbildungen, die zum Beispiel im flüssigen, ja sogar im luftförmigen Menschen sein können, die aber Fremdbildungen sind. Die werden sich heraus bilden, und denen kommt dann nicht ein gesundender Prozeß, wie er längs der Blutbahnen verläuft, von unten entgegen, so daß diese Fremdbildungen, die zuerst die Tendenz haben, geschwulstartige Anhäufungen im Körper zu bilden und dann innerlich zu zerbröckeln, sich nicht auflösen können. Kommt ihnen der Blutbildungsprozeß in der richtigen Weise entgegen, dann können sie sich auflösen, dann gehen sie wiederum in den Vorgang des allgemeinen Leibeslebens über. Aber wenn eine Stauung dadurch entsteht, daß gewissermaßen von oben herunter ein zu starker Abbauprozeß Platz greift, so ergreift er das eine oder andere Organ. Es bilden sich Fremdkörper, die zuerst exsudatartig, geschwulstartig sind, dann die Tendenz aber haben, geradeso zu verlaufen, wie eben die äußeren Prozesse der irdischen Natur verlaufen, die sich zerbröckeln. Und da ist es dann notwendig, daß man sich klar darüber ist, daß eben nicht genügend von dem übersinnlichen Menschen auf dem Wege, den ich hier eigentlich neben den physischen Menschen gezeichnet habe, in den Menschen aufgenommen wird.

Man kann eigentlich von Heilen durch Menschenkunst nicht unmittelbar reden, denn die Sache ist so: In dem Momente, wo zuviel

Tätigkeit entwickelt wird nach der Nerven-Sinnesorganisation hin in zentripetaler Richtung, wo also zuviel von den Vorgängen der äußeren Umgebung in den Menschen hineingestopft wird, so daß diese geschwulstartigen Bildungen, die dann zerbröckeln, irgendwo entstehen, in dem Momente wird das andere System, das längs der Blutbahnen verläuft, rebellisch und will die Heilung herbeiführen, will dasjenige, was im Organismus ist, durchdringen mit der richtigen astralischen und ätherischen Kraft, die von unten heraufkommen kann, will abhalten das Ich oder den astralischen Leib mit dem Ich, für sich allein zu wirken. Solch einem revolutionären Prinzip im menschlichen Organismus muß der Heiler dann entgegenkommen, und das Heilen besteht eben darin, daß man dasjenige, was im Organismus als ursprüngliche Heilkraft schon vorhanden ist, durch äußere Mittel unterstützt.

Wenn also, sagen wir, eine geschwulstartige Bildung auftaucht, so ist das ein Symptom dafür, daß nicht in richtiger Weise die Ich-Tätigkeit vom Ätherleibe aus eingreift. Sie macht sich geltend, aber kann manchmal nicht herankommen an die Geschwulst. Man muß nach dieser Richtung hin gewissermaßen den Ätherleib unterstützen, so daß er zur Wirksamkeit kommt. Denn wenn der Ätherleib in der richtigen Weise zur Wirksamkeit kommt, indem er zuerst vom Ich und vom astralischen Leib durchdrungen ist und dann zur Wirksamkeit kommt, wenn er heran kann an das, was von oben kommt und nicht die Ätherwirksamkeit aufgenommen hat, sondern höchstens die Ich- und Astralwirksamkeit, wenn man also der Ich- und Astralwirksamkeit, die vergiftend in den Organismus eingreifen, die ätherische Wirksamkeit entgegensenden kann, dann unterstützt man den Heilungsprozeß, der durch die menschliche Organisation selber da sein will. Man braucht eigentlich nur zu wissen, durch welche Mittel in einem solchen Falle die ätherische Organisation, in der richtigen Weise von astralischer und Ich-Organisation durchzogen, in den Körper eingreifen muß. Man braucht sozusagen der ätherischen Organisation durch die Mittel nur zu Hilfe zu kommen. Man muß also wissen, welche Mittel in einem solchen Falle die ätherische

Organisation stark machen, so daß sie ihre aufbauende Kraft der zu starken abbauenden Kraft entgegensetzen kann. Was der Therapie als die Pathologie zugrunde liegt, läßt sich eben durchaus nicht begreifen, wenn man nicht zu dem unsichtbaren Menschen seine Zuflucht nimmt.

Es kann aber auch so sein, daß der Mensch, indem er geboren wird, mit seiner Ich- und astralischen, also sagen wir, mit seiner geistig-seelischen Organisation nicht richtig in die physische Organisation eingreift, daß also gewissermaßen die geistig-seelische Organisation nicht genügend hineinstößt in die physische Organisation. Dann wird der ganze Mensch fortwährend ein Überwiegen haben desjenigen, was von unten nach oben als Wachstumskräfte vorhanden ist, was aber nicht in genügender Weise Schwere bekommt durch die Eingliederung der physischen Organisation. Der Mensch kann so geboren werden, daß sein physischer Leib nicht genügend von dem unsichtbaren Menschen ergriffen wird, daß also dieser hier gezeichnete unsichtbare Mensch gewissermaßen sich weigert, in der gehörigen Weise einzugreifen in den Blutprozeß. Dann kann der Geist des Menschen nicht an den Blutprozeß heran, und wir sehen dann die Folgen daran, daß solche Menschen uns schon von Kindheit auf blaß entgegentreten, mager bleiben, oder wohl auch durch die überwiegenden Wachstumskräfte schnell in die Höhe schießen. Dann haben wir das vor uns, daß das Geistig-Seelische nicht richtig hinein kann in den Organismus. Und weil der Körper sich weigert, das Geistig-Seelische aufzunehmen, müssen wir dahin wirken, daß wir im ätherischen Leibe, wo dann eine zu starke Tätigkeit vorhanden ist, diese abschwächen. Wir müssen also bei solchen blaß und hager und aufgeschossen auftretenden Menschenkindern dahin wirken, daß wiederum die im ätherischen Leib hypertrophisch, übermäßig wirkenden Kräfte auf ihr gehöriges Maß zurückgeführt werden, daß der Mensch Schwere in den Leib bekommt, daß das Blut zum Beispiel durch Empfangen des nötigen Eisengehaltes die entsprechende Schwere bekommt, so daß der ätherische Leib weniger nach oben wirkt, in seiner Wirkung nach oben abgeschwächt wird.

Man merkt einen solchen Zustand auch daran, daß bei einem solchen Menschen stärker auftritt etwas, was ich gegenüber den Tagprozessen, den Tagvorgängen, die Nachtvorgänge nennen möchte. Denn man möchte sagen: In der Nacht weigert sich ja bei jedem normalen Menschen die physisch-ätherische Organisation, das Geistig-Seelische aufzunehmen. Diese Nachtorganisation des im Bette liegenden Menschen – nicht des unsichtbaren Menschen, der heraußen ist –, diese Nachtorganisation ist zu stark bei denjenigen, die eine Art angeborener Schwindsucht, wie ich sie eben geschildert habe, in sich tragen. Man muß dann die Tagorganisation unterstützen, das heißt, ihr eine gewisse Schwere geben dadurch, daß man die Abbauprozesse geradezu fördert. Denn wenn man die Abbauprozesse fördert und dann innerlich dieses sich Verhärtende und zuletzt Zerbröckelnde auftritt – es muß natürlich nur in sehr geringem Maße beim Heilen stattfinden –, dann drängt man die überquellende Kraft des Ätherleibes zurück, und man hält das Schwindsuchtsmoment zurück.

So wird aus der Erkenntnis des ganzen Menschen eben dieses eigentümliche Zusammenwirken von Gesundheit und Krankheit durchsichtig, das immer da ist, und das im wesentlichen ausgeglichen wird durch dasjenige, was sich zwischen Puls und Atem abspielt. Und lernt man dann erkennen, durch welche äußeren Mittel man das eine oder das andere fördern kann, dann kommt man eben in die Lage, die ja immer vorhandenen, aber nicht immer aufkommenden Naturheilungsprozesse zu unterstützen. Denn einen ganz fremdartigen Prozeß kann man in den menschlichen Organismus nicht hineinbringen. Was im menschlichen Organismus vor sich geht, ist immer so: Wenn man irgendeinen fremdartigen Prozeß in ihn hineinbringt, so wird er innerlich sogleich in den entgegengesetzten verwandelt. Essen Sie irgend etwas, so hat das Nahrungsmittel gewisse chemische Kräfte in sich. Indem der Organismus sie aufnimmt, verwandelt er sie sogleich innerlich in die entgegengesetzten. Und das muß möglich sein. Denn behält zum Beispiel ein Nahrungsmittel, nachdem es aufgenommen wird, zu lange seine äußere Beschaffenheit, dann geht es eben an den Abbauprozeß heran, und das bewirkt äußere, im Menschen zerstörende, todbringende Abbauprozesse. Es muß gewissermaßen dasjenige, was mit den Nahrungsmitteln in den Menschen hineinkommt, sogleich durch innere Prozesse in Empfang genommen und in sein Gegenteil verwandelt werden.

Sie können diese Prozesse, die ich Ihnen jetzt hier aus dem Ganzen des Menschen heraus entwickelt habe, an Einzelheiten verfolgen. Nehmen Sie einmal an, Sie stechen sich irgendwo einen Fremdkörper ein (siehe farbige Zeichnung 3, gelb). Das Verhalten Ihres Leibes zu diesem Fremdkörper kann in zweierlei Art vor sich gehen. Nehmen wir an, Sie können den Fremdkörper nicht herausziehen, er bleibt drinnen. Dann kann zweierlei geschehen. Rings um den Fremdkörper ist tätig die aufbauende Kraft in dem fließenden Blute (rot). Die sammelt sich rings um den Fremdkörper an, ist aber von ihrer Stelle gerückt. Das führt dazu, daß die Nerventätigkeit sogleich anfängt zu überwiegen. Es sondert sich um den Fremdkörper eine exsudatartige Bildung ab (blau). Der Fremdkörper wird eingekapselt. Dadurch, daß das geschieht, bildet sich an der Stelle des Körpers das Folgende: Während sonst, wenn wir keinen Fremdkörper an der Stelle haben, dort in einer gewissen Weise der ätherische Leib in den physischen Leib eingreift, wird der ätherische Leib jetzt in den Fremdkörper nicht eingreifen können, sondern dadrinnen wird gewissermaßen eine Blase entstehen, die nur vom Ätherischen ausgefüllt ist. Wir haben in uns ein Stückchen Leib, das einen Fremdkörper enthält, und wo ein Stückchen ätherischer Leib nicht vom Physischen durchorganisiert ist. Da kommt es dann darauf an, da drinnen den astralischen Leib so stark zu machen, daß er ohne die Hilfe des physischen Leibes bei dem Stückchen Ätherleib wirken kann. Und durch diese Einkapselung hat sich eigentlich unser Leib an die abbauenden Kräfte gewandt, um diese abbauenden Kräfte in einem Stück Leib herauszusondern und da nun den heilenden Ätherleib einzugliedern, der in der entsprechenden Weise aber dann durch eine richtige Behandlung unterstützt werden muß von dem Astralischen und dem Ich.

Wir müssen also gewissermaßen sagen, daß in einem solchen Falle dasjenige, was über dem Physischen im Menschen liegt, so stark werden muß, daß es ohne das Physische für diesen kleinen Teil der menschlichen Organisation wirken kann. Das geschieht immer, wenn im Sinne einer sogenannten Heilung irgendein Fremdkörper im Menschen, ein Splitter, der eingestochen wird zum Beispiel, sich einkapselt. Da also wird der Mensch für diesen Teil seines Leibes gewissermaßen mit seiner ganzen Organisation ein Stück nach oben gerückt. Nun bildet sich ja natürlich auch Fremdkörperliches rein aus der Organisation heraus. Das muß dann in der gleichen Weise angesehen werden.

Aber nun kann ein ganz anderer Prozeß sich abspielen, wenn wir uns einen Splitter eingestoßen haben. Es kann so sein, daß nun, wenn wir uns den Splitter eingestochen haben (siehe farbige Zeichnung 4, gelb), ringsherum die Nerventätigkeit anfängt stärker zu werden und über die Bluttätigkeit überwiegt. Dann erregt die Nerventätigkeit, wo das Ich oder wohl auch das durch den astralischen Leib verstärkte Ich drinnen wirkt, dann erregt diese Nerven-Sinnestätigkeit, die durch den ganzen Leib geht, die Bluttätigkeit, läßt es nicht zum Gerinnen eines Exsudates kommen, sondern regt dasjenige, was sich aussondert, auf, und es führt das dann zur Eiterbildung (weiß). Und weil die Nerven nach außen stoßen (Pfeile), so wird der Eiter durch den Stoß, der in der abbauenden Tätigkeit durch die Nervenbahnen geht, durch den Stoß auch nach der Peripherie, nach außen des Körpers getrieben, und der Splitter eitert aus, kommt heraus, und das Ganze vernarbt dann,

Sie können also unmittelbar an den Vorgängen der Einkapselung sehen, die ja namentlich dann geschehen wird, wenn der Splitter zu weit drinnen sitzt im Organismus, so daß die Stoßkraft des Abbausystems, des Nerven-Sinnessystems nicht ausreicht, um ihn nach außen zu führen, dann wird das Aufbauende in den Blutbahnen stärker sein und zur Einkapselung führen.

Wenn der Splitter mehr an der Oberfläche sitzt, so wird die Nervenstoßkraft, die abbauende Kraft, stärker sein, sie exzitiert, erregt dasjenige, was Exsudat werden will, wird so die ja sonst immer vorhandenen Abbaubahnen, welche nach außen führen, abbauend benutzen, und das Ganze wird vereitern. So daß wir eigentlich sagen können: Im Anfange, gewissermaßen im Momente der Entstehung, im Status nascendi tragen wir eigentlich immer latent die Tendenz in uns, daß unser Organismus verhärten werde nach innen, zentripetal, und daß er wieder aufgelöst werde nach außen, zentrifugal. Nur sind die nach innen wirkende, geschwulstbildende Kraft, und die nach außen wirkende, eiterig entzündliche Kraft im normalen Menschenleibprozeß im Gleichgewichte, gleichen sich aus. Wir entzünden uns immer so stark, daß wir die nach dem Abbau hingehende geschwulstbildende Kraft überwinden. Nur wenn das eine stärker ist als das andere, so entsteht entweder eine wirkliche Geschwulstbildung oder eine wirkliche Entzündungsbildung.

Nun dürfen Sie nicht glauben, daß das alles sich in der Wirklichkeit so leicht ausnimmt, wie man es – was man ja muß – im Beschreiben schematisch darstellt. In Wirklichkeit greifen eben die Prozesse durchaus ineinander. Sie können ja beobachten, daß dann, wenn die entzündlichen Kräfte im Menschen stark sind, fiebrige Erscheinungen auftreten. Das sind im wesentlichen zu starke, überwiegende Aufbauprozesse, die im Blute liegen. Mit dem, was man im Fieber oftmals an Eigenkraft im Menschen entwickelt, könnte man jedenfalls noch ein starkes Stück von einem zweiten Menschen versorgen, wenn man die Kräfte in der richtigen Weise ableiten könnte.

Auf der anderen Seite, da wo die Abbaukräfte stark wirken, treten eigentlich Erkältungserscheinungen auf, die nur nicht so leicht zu konstatieren sind wie die Fiebererscheinungen. Aber es treten auch abwechselnd die einen und die anderen Erscheinungen auf, so daß man es in der Wirklichkeit immer mit einem Durcheinanderwirken desjenigen zu tun hat, was man eben auseinanderhalten muß, wenn man die Sache durchschauen will.

Wenn man in der Natur Gifte hat, sagen wir zum Beispiel das Gift, das in der Belladonna, in der Tollkirsche sitzt, dann entsteht ja die Frage Was sind gegenüber den gewöhnlichen Stoffen, die wir in unserer Umgebung finden, und die ja nicht Gifte sind, weil wir sie essen können, was sind denn die eigentlichen Gifte?

Wenn wir unsere Nahrungsmittel essen, dann bekommen wir in den Organismus dasjenige hinein, was in der Natur draußen auf eine ähnliche Weise gebildet wird wie unser unsichtbarer Mensch. Wir bekommen dasjenige in uns hinein, was von einer geistigen Tätigkeit ausgeht (siehe farbige Zeichnung 5, gelb), in eine astralische Tätigkeit hineingeht (rot), dann in eine ätherische Tätigkeit (blau) und dann in eine physische Tätigkeit hineingeht (weiß). Wenn eine solche Tätigkeit, die in der Natur von oben nach unten geht, die also gewissermaßen von dem Umkreis herein auf die Erde wirkt, eine Tätigkeit, die unserer innerlichen Ich-Tätigkeit, die eine rein geistige ist, verwandt ist, wenn also das, was ich hier schematisch gelb gezeichnet habe, herunterfließt, aber sich auf dem Wege vom Astralischen umwandelt, weiterhin auf dem Wege vom Ätherischen umwandelt, dann ins Physische geht, dann nimmt die Pflanze in der Regel eine solche Tätigkeit auf. Die Pflanze wächst dieser Tätigkeit von unten nach oben entgegen und nimmt diese ätherische Tätigkeit auf, die aber schon von oben richtig die astralische und Ich-Tätigkeit, also die seelische und geistige Tätigkeit in sich hat.

Aber es kann auch so geschehen, wie es bei dem Gifte ist. Die Giftstoffe haben die Eigentümlichkeit, daß sie sich nicht an das Ätherische wenden wie die gewöhnlichen grünen Stoffe in der Pflanze, sondern sich direkt an das Astralische wenden, daß also das Astralische, das ich hier rot gezeichnet habe, in diesen Stoff hineingeht (siehe farbige Zeichnung 5, unteres Rot im Weiß). Bei der Tollkirsche ist es so, daß die Frucht außerordentlich gierig wird und durch ihre Gier nicht sich damit befriedigt, das Ätherische aufzunehmen, sondern daß die Frucht direkt das Astralische aufnimmt, bevor dieses Astralische die Lebenskräfte durch das Ätherische beim Herunterströmen in sich aufgenommen hat. Ich möchte sagen, es tropft immerfort, statt in das Ätherische hineinzugehen, auch Astralisches aus der Weltenumgebung auf die Erde nieder. Und solche Tropfen astralischen Wesens, die nicht in der richtigen Weise durch die Ätheratmosphäre der Erde hindurchgegangen sind, finden sich zum Beispiel in dem Gift der Tollkirsche. Auch in dem Gift, sagen wir des Stechapfels, in dem Hyoscyamin, dem Gifte des Bilsenkrautes und so weiter, haben wir gewissermaßen ein Niedertropfen des Kosmisch-Astralischen in die Pflanze hinein.

Dadurch aber ist dasjenige, was in diesen Pflanzenstoffen lebt, zum Beispiel was in der Belladonna, in der Tollkirsche lebt, verwandt jener Tätigkeit, die direkt vom Ich oder astralischen Leib hineingeht in die menschlichen Nerven und in den menschlichen Sauerstoffkreislauf. Wir bekommen also, wenn wir das Gift der Tollkirsche aufnehmen, eine wesentliche Verstärkung der Abbauprozesse in uns, derjenigen Prozesse, die sonst vom Ich direkt in den physischen Leib hineingehen. Das menschliche Ich ist nicht so stark, daß es eine solche Verstärkung ertragen kann. Wenn die entgegenwirkende, von unten nach oben in den Blutbahnen gehende Wirkung einmal zu groß ist, dann kann man ihr entgegenschicken solche Abbauprozesse, und es kann in einer kleinen Dosierung das Atropin, das Gift der Tollkirsche, ein Gegenmittel sein gegen die zu starken Wachstumsprozesse. Aber in dem Augenblicke, wo zuviel von diesem Gift kommt, da kann nicht mehr die Rede davon sein, daß ein Gleichgewicht da ist: dann werden zunächst die Wachstumsprozesse zurückgedrängt, und der Mensch wird ganz benebelt von einer geistigen Tätigkeit, die er noch nicht mit seinem Ich ertragen kann, die er vielleicht erst in zukünftigen Zuständen, im Venus- und Vulkanzustand, wird ertragen können. Dadurch treten die eigentümlichen Vergiftungserscheinungen auf. Zuerst wird untergraben der Ausgangspunkt der im Blute wirkenden Tätigkeit. Es treten dann jene gastrischen Erscheinungen auf, die, wenn Tollkirschengift genossen wird, den Anfang bilden. Dann werden die Kräfte stark abgehalten, in der richtigen Weise von unten nach oben zu wirken, und es tritt eben die völlige Bewußtlosigkeit, die Zerstörung des Menschen von den Abbauprozessen aus ein.

So können wir richtig verfolgen, wenn wir überall wissen, was vom Geistigen in irgendeiner Substanz, die wir aufnehmen, enthalten ist – und am besten ist das ja immer an den Pflanzen zu studieren –, wie eine solche Substanz im menschlichen Organismus wirkt. Es muß sich eben vereinen mit einer richtigen Erkenntnis der äußeren Natur. Wir müssen wissen, was in den einzelnen Pflanzen lebt und werden dann auch wissen, wie die einzelnen Pflanzen zum Beispiel in Diätverordnungen auf den Menschen wirken, und wir werden etwas damit erreichen, wenn man zu gleicher Zeit einen solchen sozialen Zustand herbeiführt, daß die Sachen auch wirklich vollzogen werden können. Heute ist man ja, wenn man irgend etwas auch weiß, zumeist in der Lage, daß es nicht beschafft werden kann, weil unsere sozialen Zustände gar nicht angepaßt sind den Erkenntnissen der Natur. Die Erkenntnisse der Natur werden abgezogen, abstrakt getrieben. Da kommt man nicht dazu, das wirkliche Drinnenstehen des Menschen im ganzen Universum zu erfassen. Man kommt nicht dazu, in größerem Umfange wirklich etwas so ausführen zu können, daß man sich zum Beispiel sagt: Da hat man einen Menschen, für den ist es notwendig, daß man ihm diese oder jene Pflanzenstoffe in diesem oder jenem Rhythmus beibringt. Ja, damit das in umfassender Weise geschehen kann, muß eben unsere wissenschaftliche Medizin einen anderen Charakter annehmen. Man muß verbinden die äußeren Einrichtungen im ganzen sozialen Leben mit demjenigen, was man wissen kann über die Beziehungen des Menschen zur umgebenden Natur.

Gewiß, im einzelnen kann ja viel gemacht werden. Man kann Wurzeln auskochen für einen Menschen, bei dem man weiß, daß die Abbauprozesse, vom Kopfe ausgehend, zu stark sind. Man kocht bestimmte Wurzeln aus, von denen man weiß, daß da Stoffe drinnen sind, welche dadurch, daß man es eben mit einer Wurzel zu tun hat, in der richtigen Weise nach abwärts gezogen haben das Geistige, das Seelische, das Ätherische, bis in das Physische in der Wurzelbildung hinein. Dadurch bekommt man in den menschlichen Organismus von den Stoffen der Wurzelbildung aus etwas, was, wenn man es im Organismus zur Wirksamkeit bringt bis in die äußerste Peripherie der Blutbahnen, bis in den Kopf, man dann aufrufen kann, dem zu starken Abbauprozeß des Nervensystems entgegenzuarbeiten. Aber man muß eine genaue Vorstellung haben, was für Veränderungen etwas durchmacht, was in der Pflanzenwurzel sitzt, wenn es aufgenommen wird, sagen wir, durch den Mund und dann verarbeitet wird, um bis in die äußerste Peripherie der Kopforganisation oder auch der Hautorganisation nach außen zu gehen. Man wird in einem anderen Falle wissen müssen, sagen wir, wie Stoffe wirken, die man der Blüte einer Pflanze entnimmt, die also schon etwas wackelig sind in ihrem Verhältnis zum Ätherischen, die schon sehr stark das Astralische in sich aufnehmen, die schon in einer gewissen Beziehung, wenn auch leise, an das Giftartige stoßen, wie man, wenn man diese Stoffe Bädern zumischt und dadurch sie auf dem ganz anderen Wege in den Organismus bringt, die zu schwache Aufbauorganisation, die in den Blutbahnen liegt, anregen kann, um dadurch von der anderen Seite dem entgegenzuwirken, was von der Abbauwirkung eben nach außen wirkt.

Ebenso ist es, wenn man innerlich verfolgen will die Wirksamkeit desjenigen, was man injiziert. Da hat man es auch im wesentlichen zu tun mit einer Verstärkung der Aufbauprozesse, damit ein richtiges Gleichgewicht gegenüber den Abbauprozessen zustande kommt. Man wird daher insbesondere bei Injektionen immer sehen, wie die Abbauprozesse reagieren müssen. Bei Injektionen hat man keine richtige Wirkung, wenn man nicht sieht, wie die Abbauprozesse sich zuerst sträuben, und erst nach und nach in der richtigen Weise einlaufen in die Aufbauprozesse. Injiziert man also irgend etwas, so wird man sehen, daß da kleine Sehstörungen oder auch Ohrensausen auftreten, weil da zunächst die Abbauprozesse sich weigern, in das richtige Gleichgewicht zu kommen mit den verstärkten Aufbauprozessen. Aber man hat auch eine Garantie dafür, daß ein Eingreifen in die Prozesse stattfindet, wenn solche Symptome der Reaktion wirklich auftreten.

Sie sehen daraus, daß es sich bei Anthroposophie wirklich nicht darum handelt, für sektiererische Tanten- oder Onkelversammlungen Schematas zu liefern, nach denen sie auseinandersetzen können:

der Mensch besteht aus physischem Leib, Ätherleib, astralischem Leib und Ich, sondern daß es sich hier handelt um ein ganz ernsthaftes Erfassen des Menschen und seines Verhältnisses zur Welt, um ein Hineintragen des Geistigen in alles Materielle. Und daß Anthroposophie das Geistige in dem Materiellen verfolgen kann, das ist etwas, was eingesehen werden muß, wenn Anthroposophie wirklich sich ihre Stellung in der Welt erobern will. Denn solange man bloß für die Tanten- und Onkelversammlungen in sektiererischen Zirkeln arbeitet, die da tradieren ihre Einteilungen des Menschen, so lange hat man es nur zu tun mit etwas, was in Streit kommt mit allen möglichen anderen sektiererischen Dingen. In dem Augenblicke aber, wo man tatsächlich zeigt, wie dasjenige, was man begreift in der Anthroposophie, eingreift in alles übrige Wissen, wie es, nach dem Ausspruche, den ich gestern getan habe, alles übrige Erdenwissen beleuchtet, so wie früher die Astrologie alle Erdenvorgänge beleuchtet hat, dann hat man an der Anthroposophie eben etwas, was in den modernen Zivilisationsprozeß eingreifen muß, damit ein wirklicher Aufbau auch gegenüber den von älteren Zeiten her kommenden Abbauprozessen in dem menschlichen Zivilisationsprozeß Platz greifen kann.

Solcher Ernst ist zu verbinden mit demjenigen, was man sein Bekenntnis zur Anthroposophie nennen kann. Gewiß kann der einzelne ja nicht immer in der Weise mitwirken, daß er zum Beispiel selber darauf kommt, wie Belladonna auf der einen Seite, Chlor auf der anderen Seite auf den menschlichen Organismus wirkt. Aber darum handelt es sich nicht, daß der einzelne das findet, sondern darum, daß in weiteren Kreisen ein Verständnis, ein allgemeines Gefühls- und Empfindungsverständnis da ist, wie das dem Menschen Heilsame gerade aus anthroposophischer Welt- und Menschenerkenntnis heraus gewonnen werden kann.

Man verlangt ja auch nicht in der Waldorfschul-Pädagogik, daß jeder einzelne Mensch erziehen oder wenigstens die Kinder vom volksschulpflichtigen Alter an erziehen kann. Man verlangt aber, daß im allgemeinen ein Verständnis dafür vorhanden ist, wie da aus

Menschen- und Welterkenntnis heraus eine Pädagogik aufgebaut ist. Was Anthroposophie braucht, ist ein ihr entgegenkommendes Verständnis. Es wäre ganz falsch, wenn man glauben würde, jeder einzelne sollte alles wissen. Aber es sollte die Wirksamkeit anthroposophischer Gemeinschaft darin bestehen, daß sich ein allgemeines, auf den gesunden Menschenverstand sich bauendes Verständnis findet für dasjenige, was im Sinne von Menschenheil und Menschenzukunft gerade durch die Anthroposophie angestrebt und zu verwirklichen versucht wird.